白沙遗迹

梁炳尧 吕明 史艳群◎编著

广东省人民政府文史研究馆
广东省岭南心学研究会 编

广州新华出版发行集团
广州出版社

图书在版编目（CIP）数据

白沙遗迹／梁炳尧，吕明，史艳群编著．—广州：广州出版社，2018.11

（明代心学宗师陈献章丛书）

ISBN 978-7-5462-2838-9

Ⅰ．①白…　Ⅱ．①梁…②吕…③史…　Ⅲ．①陈献章（1428—1500）—人物研究　Ⅳ．①B248.1

中国版本图书馆CIP数据核字（2018）第244068号

书　　名　白沙遗迹
　　　　　Baisha Yiji
出版发行　广州出版社
　　　　　（地址：广州市天河区天润路 87 号 9 楼、10 楼　邮政编码：510635
　　　　　网址：www.gzcbs.com.cn）
策　　划　柳宗慧
责任编辑　杨珊珊　叶桂莲
文字编辑　张申申
责任校对　张　苹　黄焕姗
封面设计　谢成华
印刷单位　广东信源彩色印务有限公司
　　　　　（地址：广州市番禺区南村村东兴工业园　邮政编码：511442
　　　　　电话：020-31035501）
规　　格　787 毫米 ×1092 毫米　16 开
字　　数　116 千
印　　张　7.5
版　　次　2018 年 11 月第 1 版
印　　次　2018 年 11 月第 1 次
书　　号　ISBN 978-7-5462-2838-9
定　　价　34.80 元

编　委　会

序　言

陈永正

陈献章，字公甫，号石斋。广东新会人。定居于江门白沙村，人称白沙先生。白沙是明代著名的思想家、教育家，也是杰出的诗人和书法家。他所创立的学说被称为“白沙心学”，所形成的学术流派被称作“白沙学派”或“江门学派”。白沙“静养端倪”的“自得之学”，对后来的王阳明有所启迪，黄宗羲云：“有明之学，至白沙始入精微”，“至阳明而后大。两先生之学，最为相近”。故此，陈白沙与王阳明二人，被学界认为是明代心学的代表人物，对后世也有重大的影响。

黄淳《重刻白沙子序》云：“先生之学，心学也。先生心学之所流注者，在诗文。”白沙生平不事著述，性喜吟咏，其学养志趣，悉发于诗。白沙为诗，大约有两个目的：一是抒情写意，二是以诗论道。白沙毕生以“诗教”为志业。湛若水《白沙子古诗教解》序云：“夫白沙诗教何为者也？言乎其以诗为教者也。何言乎教也？教也者，著作之谓也。白沙先生无著作也，著作之意寓于诗也。是故道德之精，必于诗焉发之。天下后世得之，因是以传，是为教。”《白沙先生改葬墓碑铭》亦谓其“著述之精寓诸诗也”。可见，诗教，就是通过

“著述之精”的诗，把自己的“道德之精”教诲于后学。

白沙是广东唯一一位从祀孔庙的大儒。白沙心学是中国儒学的组成部分，它体现了岭南文化的开放、兼容与创新的文化精神，在明代哲学史乃至整个中国哲学发展史上有着重要的历史地位。白沙心学可以成为当代社会的精神动力，借以唤醒人的道德本性，重新构建精神家园。《明代心学宗师陈献章丛书》的出版，有助于白沙心学的现代转换，将对维系社会的长治久安有着一定的现实意义。

在广东省人民政府文史研究馆的大力支持下，广东省岭南心学研究会编著的《明代心学宗师陈献章丛书》（第一批），包括《白沙真儒》（黄明同著）、《白沙学派》（刘兴邦著）、《白沙精言》（黄时华编）、《白沙遗迹》（梁炳尧等编著）共四本。

《白沙真儒》一书，研究有关心学的各种问题，剖析明代心学产生的社会原因，揭示心学历史价值及其当代意义，探索中国传统心学当代转型的路向，探究传统心学与现代的心理学、管理学、生态文明等学科的相交汇，该书对社会主义现代化建设的取向有一定的参考价值。

《白沙学派》一书，指出白沙学派是岭南儒学与心学，对其开创者陈献章及其传人贺钦、林光、张诩、湛若水的思想作了较深入的研究。

《白沙精言》从陈献章诗文中抽取其中重要的内容，按照不同主题进行汇编，方便读者了解白沙的学术思想，可供中国哲学研究者作为早期的阅读资料。

《白沙遗迹》一书，以图片和文字的形式，对白沙存世的遗迹的历史和现状进行了系统性梳理。全书共分建筑、墓葬、碑匾、书法及画像、文集、族谱和其他等7个大类，一一作详细的介绍和说明。

广东省人民政府文史研究馆邀我为此数种书写个总序，本人对心学向无深究，只能泛泛而谈，不当之处，敬祈读者指正。

2018年8月

（作者为广东省人民政府文史研究馆馆员、中山大学教授）

目 录

绪　言

岭南一代大儒陈白沙先生，本名陈献章，字公甫，号石斋。据阮榕龄《编次陈白沙先生年谱》记载，他于明宣德三年（1428）十月二十一日出生于广东新会县（今江门市新会区）都会村。年幼时随家人迁居到相距不及10里的白沙村。自此长居于此，直至明弘治十三年（1500）二月初十去世，享年73岁，居白沙凡60余年，因此人们也尊称他为“白沙先生”。从辞世至今500余年间，他的心学和教育思想，他的诗歌和书法艺术，早为学者和大众奉为瑰宝，可谓已耳熟能详了。此中，也有不少著述涉及他留存下来的一些遗迹，如祠堂，以及各地散见的刻石、匾额等，但系统性的介绍仍不多见。我们编撰此书的目的，即在于尽力弥补这方面的缺憾和空白。

白沙虽然以设帐授徒为终身志业，一生的主要时光都是在江门度过的，但是他也是一个性好山水、交游的人。检索白沙的各种版本文集，诗歌达2000余首，不少为远行即景之作，地点遍及本邑、粤西、粤北、广西等地。四次上京，途中拜师访友，观赏名胜，履及杭州、南京、扬州、北京等名城，或为应考，或为应诏，然而不妨壮游，诗酒唱和之间，多留下墨迹，甚至勒石为记。明成化二年（1466）北游，以《和杨龟山此日不再得》一诗震动京师，得“真儒复出”之誉，尤其是成化十八年（1482）应诏北上，被朝廷授予翰林院检讨一职后南归，自此奠定他在岭南的文化地位。于是历年间，各地的堂馆庙学，多倩作记，题诗作匾，以为增辉。白沙先生辞世之后朝廷诏建家庙，赐匾赐联，更成了江门以至岭南地区历史文化的胜迹。

当然，由于历史的邈远，数百年间历经自然的侵蚀或人为的破坏，白沙的多数遗迹已经不存于世。目前，计其留下的遗迹的种类，可分为建筑、墓葬、碑匾、书法及画像、文集、族谱和其他等7个大类，正文将以图片和文字的形式，进行较详细的介绍和说明，在此仅述其大略。

建筑类，是以诏建的白沙祠为主干，详细说明其沿革、结构，并根据《陈献章集》附录的文献资料，以及现存的碑刻等实物，介绍在诏建今白沙祠之前曾在新会县治所在地最先建成的几座白沙祠，以最大限度地呈现出当时的历史面貌。旁及白沙钓台，及后世为纪念白沙而建的公园、楼台等。

墓葬类，主要是位于广东省江门市蓬江区杜阮镇瑶村席帽山的白沙墓，以及位于白沙纪念馆内的白沙父母合葬墓。据现存的史料，以及与此相关的文物，如湛若水所题“千秋仰止”碑以及《白沙先生改葬墓碑铭》等，述说其中的变迁，尤参以《陈献章集》中张诩、湛若水等门人初选墓址及后来迁葬的资料，以为充实。

碑匾，包括石刻和木刻两类，是目前除纸质书法作品外，白沙存世较多的遗物。石刻之荦荦大者如《慈元庙碑记》、《肇庆城隍庙碑记》、南京《白马庵草书联句》碑等，均仍存世并保护完好，固然是重点介绍的对象。此外，还包括非白沙亲笔，而由门人、友人或各级官员撰写并雕刻的祭文等类，比如林俊的《祭白沙祠文》、何维柏的《改创白沙家祠碑记》等，可作为相关的遗物进行展示。木刻类，则主要是搜罗白沙当时为各地祠堂题写的匾额，以及白沙祠原藏、据白沙书写的《忍字赞》、《书法》、《戒懒文》和《题贞节堂四联》等所刻的木匾。其沿革有自，不乏故实，大有呈示和介绍的必要。

书法及画像类，在此限于纸质本，相对存世较多。白沙在生时，书艺已是蜚声遐迩，特别是他独创的茅龙笔书法，以其遒劲的笔力和突出的个性气质而颇受青睐，“天下人得其片纸只字，藏以为家宝”，张诩在《白沙先生行状》里的话固非虚语。但上述“存世较多”者，只是相较而言，即相较于白沙先生其他遗物而言。因时日久远的缘故，白沙留存至今的书法作品总体数量上也并不多，私人收藏的情况无法确切考察，在此不论。目前可见的白沙手迹，主要收藏于各地博物馆，如江门市博物馆、江门市新会区博物馆、广东省博物馆、上海博物馆、香港艺术馆、首都博物馆和故宫博物院等，此书将尽量搜寻出来，以作展示，有关的评述也略作参考，以披露其丰富的底蕴。

白沙虽自称不事著述，但实际上作品甚多。参考孙通海点校中华书局1987年版《陈献章集》目录，奏疏2篇，序24篇，记23篇，论5篇，说4篇，题跋24篇，杂著10篇，赞、铭、墓志、墓表、传、行状、祭文等共53篇，书信类尤多，达151种313篇，而诗、赋类则多达2000余篇。全集接近68万言。以此观之，可以说是著述颇丰，尚且不论那些已散佚的篇什。但他生前并没有系统编辑过自己的诗文。孙氏点校本附录三《序跋》，列举明清10多种刻本，这些文集经调查大多仍完好保存于中国国家图书馆等机构，本书将以此为主，以岭南地区包括江门市博物馆所藏的几种版本为辅进行展示。

族谱四种，其一为《世赖堂家谱》，其二为《文恭公房谱》，均为白沙后人编撰，虽为手写本，但资料堪称详细。其余两种为《高地街陈氏族谱》和《岭南罗氏谱》，可一并作为白沙世系研究的参考。

而白沙古琴、白沙碧玉和古砚3种，则同列入“其他”项内。白沙与古琴有着颇深的渊源，这有他的诗歌和时人评述为证，而“石斋”和“石翁”这两个白沙自起的别号其实都与古琴有关。当然，他对古琴的喜爱起于何时，在年谱和后人的传记等资料中已无法得到确切的答案，但完全可以断定这是贯穿于他一生的爱好，他把抚琴作为体现他的情感和思想的重要工具之一，也以“琴中见道”这个特质而被后世所推崇，为后来“岭南琴派”的创立奠定了重要的基础。有资料称，他曾经整理过南宋皇室崖山覆亡后留存下来的《古冈遗谱》。但由于《古冈遗谱》一书本身已湮没不存，整理一说故可备考。但他遗留下来的两张古琴目前仍然存在，一张名“沧海龙吟”，现藏于广东省博物馆；另一张名“寒涛”，现存于广州博物馆。亦可谓遗韵犹在，殊为难得。

至于白沙碧玉，据称是白沙先祖珍藏的传家宝，白沙在生时一度失窃，后来喜而复得，为此他作诗记事，还特地建了碧玉楼以志庆贺，作为收藏碧玉、休憩、读书和待客之所。至于这块碧玉的流传史，正文将以可靠的史料证据证实直到清康熙年间，这块珍贵的白沙家传宝物仍然在白沙族孙的手中。数百年间几经辗转，如今和白沙古砚一道珍藏于广东省博物馆。

综上简述，本书的体例，概可称之为图说，即基本是以图片为主，辅佐以说明文字，以便突出白沙遗存物的面貌。有些重点文物，则不妨详细加以说明和考证。在此不作赘言。

最后尚需说明的是，白沙的“遗存物”这个概念的内涵和定义，还不能说是十分严谨和清晰的。问题不在于白沙留下来的书法、古琴等遗物，它们是“直接的遗存物”而无疑义；缘于后人兴建的纪念性的祠堂、书写的碑刻，以及编辑的文集等必须列入其中，它们作为白沙“间接的遗存物”，便存在着一个如何选择、以何时为限的问题。例如，现代兴建的白沙公园和白沙纪念馆，当代编辑出版的《陈献章集》和有关研究著作，等等，是否应该列入其中？又如匾额类，其中一些因已毁坏，据旧物重制的，典型莫如白沙祠内的朝廷赐匾赐联等，是否也应列入？取舍的依据何在，故须慎思。按照一般的惯例，我们原则上以1949年作为时限，在此之后兴建的有关建筑、造像，编撰的有关文集、论著，等等，暂不予列入。

总而言之，白沙的遗迹，当然是以尽量广为搜罗为要，它的作用一则是可以睹物思人，嗣承先哲；一则也是重申妥善保护古代文物、延续和复兴传统文化的要义。然而，拙著自不免于谫陋之处，文物的呈示也不免于局限，这些，将来都有待方家的指正，有待今后更多相关的文物的发见，以作订正和补充。

第一章　建筑类

一、白沙祠

白沙祠，位于广东省江门市蓬江区白沙大道西陈白沙纪念馆内。按明代本祠修建的倡议者、南京礼部尚书何维柏的《改创白沙家祠碑记》，称之为“白沙家祠”，也即是由官方集资修建的白沙先生家祠。后世简称为白沙祠。

白沙祠东侧

它在明万历十二年（1584）建成，明崇祯十三年（1640）、清康熙四十七年（1708）、清嘉庆十一年（1806）分别进行过较大规模的重修。其平面布局为四合院式，主体建筑排列在中轴线上，共四进深，

白沙祠西侧

由祠门开始，依次为春阳堂、贞节堂、崇正堂、碧玉楼，均为硬山顶，布瓦绿琉璃剪边，前后建筑之间以左右对称的廊庑连接，是典型的明代祠堂建筑结构，用材讲究，布局严谨。

虽然属于典型的明代祠堂建筑，但白沙祠在形制上却独具自己的特色，这体现在它兼具祭祀和纪念等各种功能。例如春阳堂和碧玉楼，显然是对祠主生前居住过且具有重要意义的建筑物的重现；崇正堂自然是祭祀的主体所在；而贞节堂以及祠前的贞节牌坊，则是对祠主母亲林氏夫人的纪念。

传统专祀男性的祠堂竟然配置一个纪念女性的堂舍，在国内是很少有的，尤其是在祠堂前耸立一座贞节牌坊，这种形制更是罕见。这个格局在祠堂始创时已经形成，这在何维柏的《改创白沙家祠碑记》中有着明确的记载。

通过祠堂门前圣代真儒匾上下款的内容，可确知祠堂建造的具体主持者，为明万历年间广东巡抚刘尧询、两广总督郭应聘、新会知县袁奎。此外，祠堂落成的时间、历

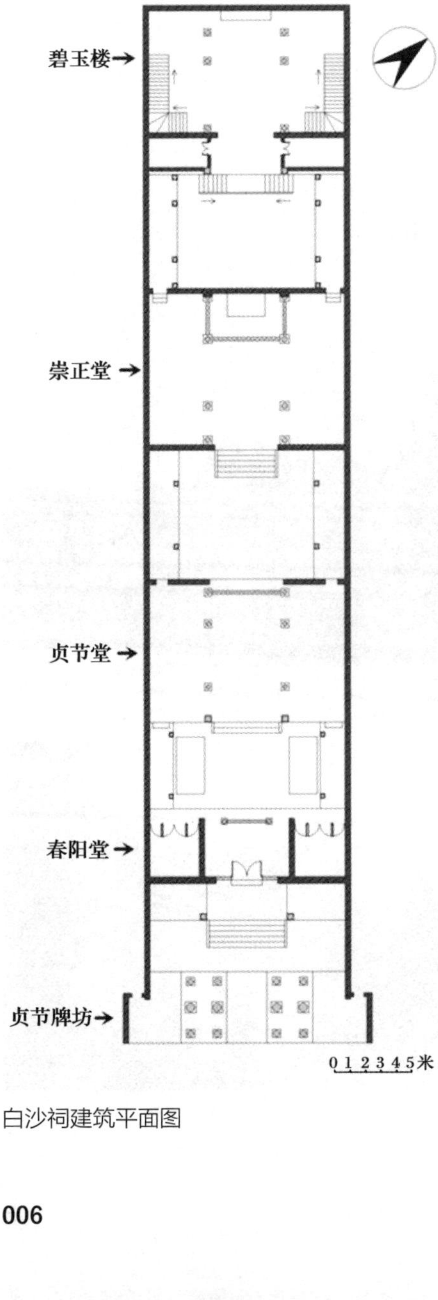

白沙祠建筑平面图

白沙祠正门圣代真儒匾

代重修的时间和主持者名单均历历可考。

春阳堂，源于当时白沙十年静坐、思考，终悟心学端倪的庐名。何维柏的《改创白沙家祠碑记》称“祠前春阳堂，宾客告虔式宴，亦咸在此”，即春阳堂可作为各地来往瞻仰、拜祭的人士休憩、宴集之所。

白沙祠第一进春阳堂内观

贞节堂，现在一般认为其为纪念白沙母亲林氏夫人而设。但按《改创白沙家祠碑记》“祀其先公与太夫人，匾曰‘贞节’”一语考之，当时除用于纪念林氏夫人外，还兼纪念白沙的父亲陈乐芸。横梁悬贞节堂匾，据考为当年受白沙所请，白沙的老师吴与弼裂帛所书。其中的“贞”字，外形酷似一位妇人怀抱婴儿，象征林氏夫人含辛茹苦哺育作为遗腹子的白沙，旌表贞节，当之无愧。

贞节堂外观

贞节堂匾，为白沙的老师吴与弼书。江门市博物馆藏

崇正堂，是白沙祠的主体部分，供奉白沙的牌位。堂名和对联的词句都是在明万历二年（1574）诏建家祠时朝廷所特赐。匾额于20世纪80年代新制。

崇正堂外观

崇正堂原匾（残损），何维柏题，江门市博物馆藏

碧玉楼，为本祠最后一进堂舍。高二层。何维柏的《改创白沙家祠碑记》提到，“历观旧庐台，鞠为草莽，楼半欹圮，抠蹑凛凛，不能安履。”“以癸未冬，定度审式，拓楼后隙地，建于上为碧玉楼”。可知白沙祠基本上是在白沙旧居的范围内建起来的。

碧玉楼外观

白沙祠木雕

白沙祠灰塑

二、贞节牌坊

为木石结构，四柱三楼三间，进深两间，占地41平方米。两边楼立于两花岗石须弥座之上，结构精美。四根中柱粗可合抱，用整根红木做成；八根檐柱为八边形石柱。明楼为布瓦庑殿顶，次楼为布瓦歇山顶，均为绿琉璃剪

贞节牌坊，后为白沙祠正门

繁复、瑰丽的斗拱

边，明楼和次楼的檐下均施如意斗拱。整座牌楼结构严谨雄伟，颇为壮观，为广东现存较少见的精致的明代牌楼。明楼正面有竖刻阳文“圣旨”二字木匾，其下为横刻阴文正楷“贞节”二字木匾，贞节匾背面为横刻阴文正楷“母节子贤”四字。

贞节牌坊最早诏建于明成化十三年（1477）。现在的规模，是明万历三十九年（1611）重修后形成的。时在白沙祠落成后27年，牌坊与祠堂同处于一个中轴线上，互相辉映，浑然成为一个整体。

贞节匾上款署白沙门人梁储、湛若水题。而修复的主持者是万历年间新会知县熊维镗

贞节匾背面的母节子贤匾。匾中“贤”字为异体字，取“忠臣为国之宝”之意

贞节牌坊原匾，上下款与现贞节匾一致，江门市博物馆藏

三、孔庙神位

早在明万历二年（1574）朝廷诏建白沙家祠时，所赐的祭文已表彰了陈白沙在心学、教育、艺术、道德人格等方面的重大贡献。明万历十三年（1585）朝廷诏敕白沙入祀山东孔庙，是对此的进一步确认。由此也奠定了白沙“岭南一人”的历史地位。

孔庙西庑北供奉的白沙先生神位

四、江门钓台

钓台故址位于广东省江门市蓬江区钓台路1号，面临蓬江河。现建筑为清光绪十二年（1886）重建。故址原是一座三进深院落，1927年因筑长堤路拆毁了前面两进建筑，仅存第三进的后座建筑。现存部分总面积为48平方米，面阔、进深各三开间，为四柱穿斗式梁架、单檐布瓦硬山顶结构。

江门钓台曾是白沙休憩、垂钓之所。原建筑兴建的时间已无法确考，白沙的不少诗歌提到了钓台，晚年他甚至把钓台作为心学衣钵的象征交托给了得意门生湛若水

五、白沙公园

白沙公园位于广东省江门市蓬江区江会路与环市路交界处。公园最初兴建于民国九年（1920）。当时政府疏浚天沙河，在河床发现了张诩的《嘉会楼记》碑，由此推断此为早已湮没的明代嘉会楼原址所在。新会文化名宿李淡愚向新会县政府请地并动员侨商冯平山、陈瑞祺等人募捐兴建了白沙公园，以纪念本邑先贤，并供游人休憩。公园后遭毁坏，江门市政府于20世纪80年代重建。

棠荫亭

据记载，园内有嘉会亭、棠荫亭和白沙先生改葬碑亭等。嘉会亭中竖立着张诩的《嘉会楼记》碑，此亭毁后，碑移存于白沙祠前；此碑右侧刻有“民国九年

白沙先生改葬碑亭

陈子襄捐款筑亭移竖于此”等字。公园白沙先生改葬碑亭内的石碑左侧亦有“民国九年陈瑞祺捐款筑亭移竖于此”等加刻字。

现存的白沙先生改葬碑亭、棠荫亭均为民国年间原建，西式形制。棠荫亭除正面横书亭名外，均无落款和其他楹联。白沙先生改葬碑亭四柱有对联，分中文和西文，正面汉字为李淡愚等人撰书，背面有西文（英国、俄国、德国、法国、西班牙、葡萄牙、瑞典、挪威、荷兰等国文字）以及满文文字，意为“纪念哲学家陈白沙”。亭中竖碑为湛若水《白沙先生改葬墓碑铭》，碑体上部、中间和左侧有损毁，碑面字迹亦多漫漶不清。

《嘉会楼记》碑（局部）

《白沙先生改葬墓碑铭》（局部）

第二章　墓葬类

一、白沙墓

陈白沙于明弘治十三年（1500）辞世，同年七月学生张诩等人葬先师于圭峰之麓。21年后，明正德十六年（1521）由学生湛若水主持改葬于广东省江门市蓬江区杜阮镇席帽山现址。该墓用三合土垒筑，馒头冢状墓面，墓面深16.5米，宽14.5米。墓碑为黑色砚石，刻有“大明正德辛巳仲冬庚申，翰林检讨白沙陈先生墓，孝子景云泣血立石”等字。

白沙墓全景

白沙墓墓冢

二、白沙父母合葬墓

白沙父亲陈乐芸辞世于明宣德三年（1428）九月，享年27岁。同年十月白沙才出生，是年白沙母亲24岁。她一向身体康健，至明弘治八年（1495）才以91岁高龄去世，是年白沙67岁。同年，白沙为母亲安葬，稍后将原葬于附近奇榜村邓家山的父亲遗骨迁于小庐山，完成了留存至今的白沙父母合葬墓。

该合葬墓位于广东省江门市蓬江区白沙大道西陈白沙纪念馆后山一侧。始建于明弘治十年（1497），坐北向南，清光绪十七年（1891）重修，现仅存墓的主体部分，该主体部分以花岗岩石块砌筑，周长约17.7米，高约3.11米，呈圆丘状，宝盖式顶，墓的正面镶砚石碑，阴刻“皇明处士乐芸陈先生、室林氏节妇合葬墓”，碑文为白沙用茅龙笔书写。

白沙父母合葬墓

墓面立白沙亲笔所书石碑

第三章　碑匾类

一、慈元庙碑

慈元庙碑现存于广东省江门市新会区崖门镇崖山祠的碑廊内。碑质地为黑色砚石，通高172厘米，宽100厘米。碑文为陈白沙于明弘治十二年

慈元庙碑

慈元庙碑拓片

（1499）夏天以茅龙笔书写。书写时白沙正小病初愈，未堪笔砚，身体十分虚弱，因有“力疾书之”之语。碑文末附有湛若水跋文，说明书写、制作此碑的缘起。慈元庙碑堪称白沙晚年书法的代表作，有“岭南第一碑”之誉。

二、付倪麟诗碑

此碑文为白沙以毛笔草书，碑质地为青色砚石，高88厘米，宽53厘米。现存于广东省江门市新会区崖门镇崖山祠的碑廓内。整碑完好，但字迹多已风化。诗碑题《醉者》，落款仅“付倪麟”三字，未署时间。查《陈献章集》改题为《与倪麟》，全诗抄录如下：

“沙水东西两石桥，夕阳飞马剪山腰。不知酒兴还多少，一路清风吹不消。”

付倪麟诗碑

倪麟是白沙的学生，曾任新会县指挥同知一职。据张诩《白沙先生行状》记载，在倪麟原配夫人鲁妙贤去世后，白沙曾把次女许配给倪麟。但可惜未久倪麟便去世了。白沙门人李承箕曾撰《指挥倪君墓志铭》，与白沙所撰《鲁妙贤墓志铭》在同一地点出土。

三、《鲁妙贤墓志铭》碑

此碑文为白沙以毛笔楷书，碑质地为黑色砚石，高40厘米，宽44厘米。出土于广东省江门市新会区会城镇，现藏于江门市博物馆。墓主鲁妙贤是鲁能的女儿，倪麟的原配夫人。鲁能与白沙同辈，明成化年间曾任户部员外郎、甘肃巡抚等职。鲁氏家族是新会县的望族，与陈家为世交。同一地点还出土了李承箕撰的《指挥倪君墓志铭》，可以推断该处是倪麟与原配夫人鲁氏的合葬墓。

白沙书《鲁妙贤墓志铭》碑

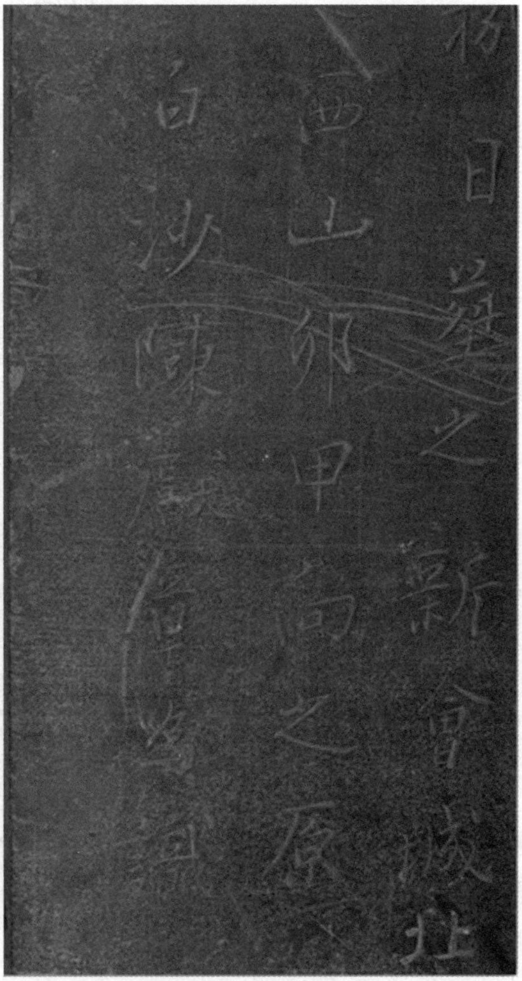

白沙书《鲁妙贤墓志铭》碑（局部）

四、敬义碑

敬义碑又称敬义戒石碑。明成化十七年（1481），白沙应新会知县丁积所请以茅龙笔书写，刻石立于新会县衙门前。民国十二年（1923）移至新会学宫。现存于新会学宫石刻馆内。该碑质地为黑色砚石，高157厘米，宽102厘米。此碑两面刻字，均为阴刻。碑的正面刻“敬义”两个大字。上款为“成化辛丑夏五月知县丁积命工勒石”，下款为“陈献章书”。碑背面上方横刻“圣谕”二字，下列4行字为“尔俸尔禄，民膏民脂，下民易虐，上天难欺”。

敬义戒石碑

敬义碑正、背面拓片

五、陈渭川夫妇合葬墓碑

白沙祖父是陈渭川，祖母吕氏。明正统十一年（1446）吕氏卒。正统十四年（1449）陈渭川卒。此碑文为白沙以茅龙笔书写于明弘治十年（1497），应为迁葬后重立。碑砚石质，高50.2厘米，宽23.5厘米。整碑较完好，碑面略有风化，部分字迹仍清晰可辨，落款署“献文、翰林院检讨献章”。现存于广东省江门市新会区博物馆石刻馆。

陈渭川夫妇合葬墓碑

六、白沙父母合葬墓碑

此碑砚石质，高105厘米，宽49厘米。为白沙以茅龙笔书写。时白沙年迈体衰，兼丧母之痛，落款“力疾书”可见一斑。此碑也是白沙晚年具有代表性的书迹之一。现立于陈白沙纪念馆后山白沙父母合葬墓前。

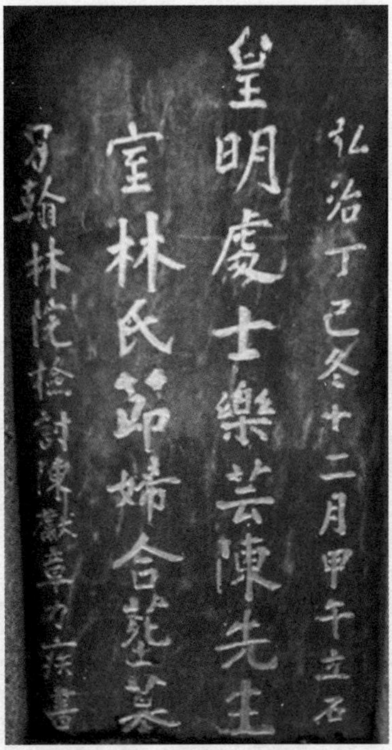

白沙父母合葬墓碑

七、“心池”石刻

这件石刻是白沙以茅龙笔所书，落款署“石翁”并印。现存于广东省江门市外海区南山村，镶于该村伍公祠左侧外墙上。砚石质，长90.1厘米，高48厘米。有关此石刻的资料不多，据民间传说，明弘治年间，有村人在今祠

“心池”石刻

堂的位置掘地，发现数块球形大石，呈“心”字形排列，且有清泉渗出，村民于是围筑成池，请白沙题“心池”二字，刻石置于池中。后又在池边筑“洗心亭”。今亭已毁。

八、《诔潘季亨诗序》碑

此碑砚石质，高70厘米，宽50厘米，为白沙以毛笔楷书。潘季亨是白沙的弟子，卒后白沙作有挽诗并序，明成化六年（1470）以序刻石做墓志。现存于江门市博物馆。

《诔潘季亨诗序》碑

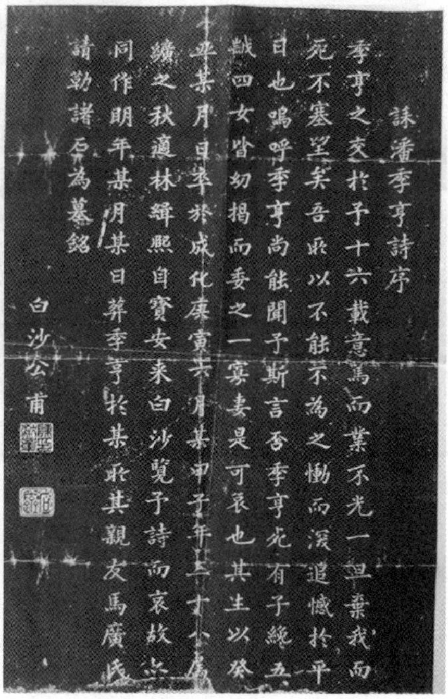

《诔潘季亨诗序》碑拓片

九、《书马氏均田文后》碑

明成化十五年（1479），白沙应学生马广生之请，为其《马氏均田文》作《书马氏均田文后》，表彰马氏义举并刻碑保存，现与马广生书《马氏均田文》碑同镶于江门市蓬江区潮连街道坦边村世乡贤马大夫祠的内墙上。《书马氏均田文后》碑为砚石质，高103厘米，宽63厘米，毛笔行草书。碑面略有残损，整体保存完好。

《书马氏均田文后》碑

《马氏均田文》碑

十、《处士容君墓志铭》碑

此碑文为明成化十八年（1482）白沙应学生容珪之请，为容珪之父所作的墓志铭。碑为砚石质，高92厘米，宽50厘米，整碑保存相当完好。现存于广东省江门市蓬江区荷塘镇三良小学容氏宗祠内。

《处士容君墓志铭》碑

十一、《恩平县儒学记》碑

明成化十八年（1482）白沙应时任恩平县令翁俨之请，在奉诏上京的途中写成了《恩平县儒学记》。明成化二十三年（1487）恩平知县陈汉昌请求勒石，竖于恩平学宫。此碑为黑色砚石，毛笔楷书，高184厘米，宽106厘米。现存于白沙祠内。

《恩平县儒学记》碑

十二、《肇庆城隍庙记》碑

明弘治七年（1494）端州郡守黄侯修葺本地城隍庙落成，通过白沙的门生陈冕向白沙请记，是年六月作成。碑为黑色砚石，毛笔行书，落款为“弘治七年岁次甲寅古冈病夫陈献章记并书”。碑高150厘米，宽90厘米。今碑右下角略有损毁。肇庆城隍庙在民国年间被毁，此碑几经辗转，现存于广东省肇庆市七星岩景区水月宫内。

《肇庆城隍庙记》碑

十三、《浴日亭追次东坡韵》诗碑

明成化二十一年（1485）白沙在广州黄埔讲学时游南海神庙，和苏轼原诗作此诗并刻碑。碑为砚石质，高195厘米，宽88.5厘米。为白沙以茅龙笔草书。末有湛若水跋。现存于广州南海神庙浴日亭内，与苏轼诗碑正背而立。

浴日亭，中间为苏轼、白沙的诗碑

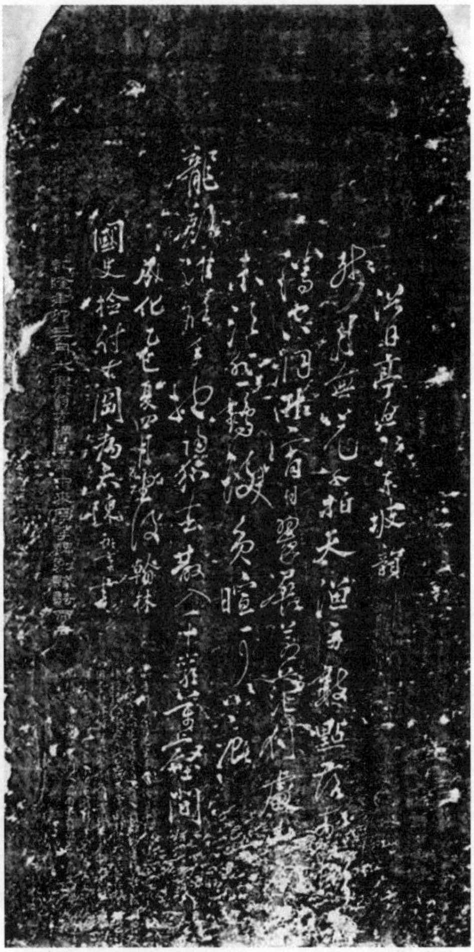
《浴日亭追次东坡韵》诗碑拓片

十四、“常春岩”摩崖

明成化年间，广州夏园人李鳌峰（又名李化龙）在黄埔南湾村西台创办了西台书院，邀请白沙前来讲学。讲学之暇，白沙常与湛若水、李鳌峰等人泛舟黄木湾，在牛山东侧的古海触岩上创作了不少摩崖石刻。据当地志籍的记载和当地民间口传，现残存的“常春岩”3字为当年白沙的手迹。

“常春岩”摩崖

十五、《白马庵草书联句》碑

明成化十八年（1482）秋白沙应诏上京，次年正月途经南京时，与庄定山、娄谦等3位友人相会于白马庵，作成《白马庵联句》一诗，白沙以茅龙笔抄录，送给了庵主净敬和尚。后净敬请工刻石立于庵内。20世纪70年代，著名书法家林散之偶然在乡间发现此碑，大为激赏，妥善保护起来。此碑现存于南京浦口林散之纪念馆内。碑为砚石质，高152厘米，宽72厘米。已被公认为中国古代碑刻艺术的珍品之作。

《白马庵草书联句》碑

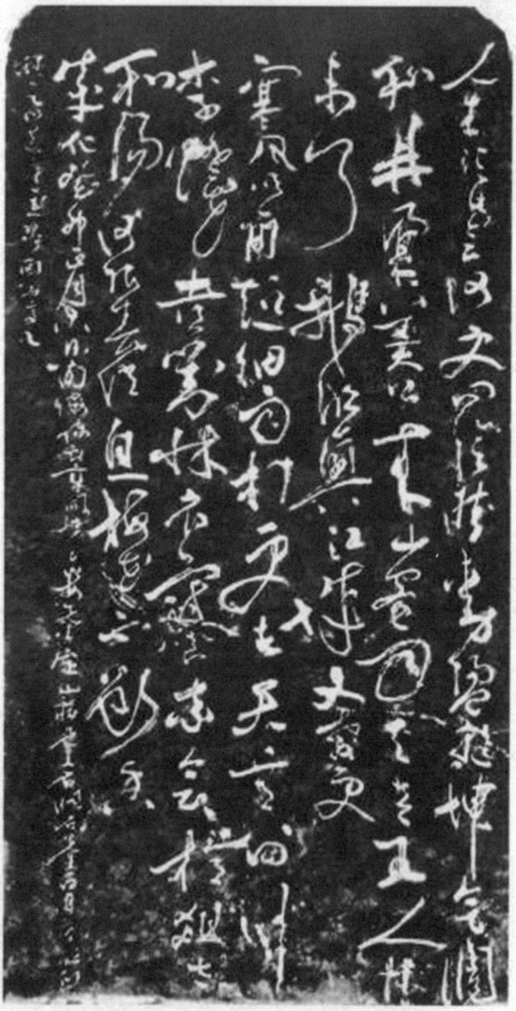

《白马庵草书联句》碑拓本

十六、“俞氏世家”碑

“俞氏世家”碑

据传，明成化三年（1467）白沙自京南归时，曾应邀去福建莆田。目前虽在年谱或其他资料中仍未见到明确的记载，但在情理上是有可能的。白沙先祖曾居江门外海，而外海陈氏迁自福建莆田。白沙乘便寻根探源，正是自然。而且在白沙友辈中不乏莆田人士，如林俊、彭韶等，与莆田可谓有着颇深的渊源。据称在莆田时，他拜访过当地的望族俞氏家族，并书写了“俞氏世家”。此碑为花岗岩石质，高168厘米，宽54厘米，厚36厘米。现立于福建省莆田市荔城区西天尾镇澄渚村俞里古碑廊内。

十七、《祭诚庵先生文》碑

朱英（诚庵）在明成化年间曾任两广总督，与白沙相知颇深。明成化十七年（1481），他和彭韶一道向朝廷举荐了陈白沙。成化二十一年（1485）朱英去世，白沙作《祭诚庵先生文》，执门人礼为之服丧，并遣儿

《祭诚庵先生文》碑

子景云亲赴湖南代为致祭。朱英墓位于湖南省汝城县外沙乡外沙村。《祭诚庵先生文》碑镶于正面的墓壁上，为花岗岩质，残损较重，中部有开裂。

十八、《跋清献崔公题剑阁词》碑

崔与之（1158—1240），字正子，一字正之，号菊坡。祖籍河南开封，后举族南迁，定居于广州增城。崔与之即出生于此。南宋绍熙四年（1193）中进士，历任广西提点刑狱、知成都府兼本路安抚使等职，南宋端平三年（1236）拜右丞相兼枢密使。卒年82岁，累赠太师、南海郡公，谥号“清献”。崔与之还是南宋著名的词人，著有《崔清献公集》传世，被推为“粤词之始”。

《跋清献崔公题剑阁词》碑

《跋清献崔公题剑阁词》碑拓片

白沙一向崇敬崔与之，曾作《祭菊坡像文》，对崔与之崇高的人格、彪炳的政绩称誉有加。他尤其喜爱崔与之的《水调歌头·题剑阁》一词。《跋清献崔公题剑阁词》便是他在明弘治七年（1494）抄录这首词并作的跋。后刻成碑。碑为砚石质，高120厘米，宽64.5厘米。现存于广东省佛山市南海区一民宅。

十九、《敢勇祠记》碑

明天顺六年（1462）“广西寇大至新会城下”（陈献章《新会辅城记》），陶鲁时任县丞，发动地方武装“敢勇兵”抗御。明成化七年（1471）陶鲁巡视新会，拟建“敢勇祠”以祭祀当年阵亡的士卒。敢勇祠于成化十五年（1479）建成，陶鲁亲自撰《敢勇祠记》，请白沙书写，刻石立于祠中。今祠已不存。

该碑为砚石质，顶部呈弧形，碑高215厘米，宽108厘米，厚19～24厘米。碑文阴刻，毛笔行书，题《敢勇祠记》，下为“广东按察司副使郁林陶鲁撰”和“太学生邑人陈献章公甫书丹”。落款为“成化十五年岁次已亥冬十月望日，知县丁积、指挥同知倪麟立石”。现存于江门市新会区博物馆。

《敢勇祠记》碑

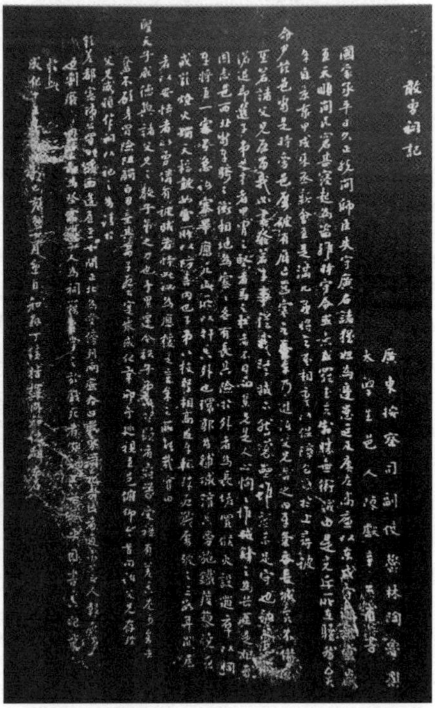
敢勇祠記

《敢勇祠记》碑拓片

二十、《登陶公壮哉亭》诗碑

明成化十三年（1477），已任广东按察司副使的陶鲁在兴建敢勇祠的同时，又在祠后高处建亭一座，白沙为其题名并书匾曰“壮哉亭”，赋五律诗《登陶公壮哉亭》一首。明弘治元年（1488）白沙以毛笔行草录此诗并刻碑立于壮哉亭中。碑为砚石质，顶部呈圆弧状，高108厘米，宽66厘米。现藏于广东省江门市新会区会城镇金紫街一民宅家中。

《登陶公壮哉亭》诗碑

二十一、《游心楼归趣》碑

明成化十四年（1478）丁积任新会知县，常问学于白沙，执弟子礼。成化十八年（1482）丁积在城内建楼，请白沙命名为“游心楼”。楼成，刻碑以纪。碑为砚石质，高174厘米，宽106厘米。现左上缺角，据翁方纲《粤东金石略》为东海居士隶额。查东海居士即明代著名书法家张弼。碑文为白沙以毛笔行草书，分两个部分，上部为三首诗，分别是白沙、南京庄昶以及白沙门人张诩的咏游心楼诗，下部为白沙门人林光撰写的《游心楼记》。此碑现存于江门市新会区博物馆。

《游心楼归趣》碑

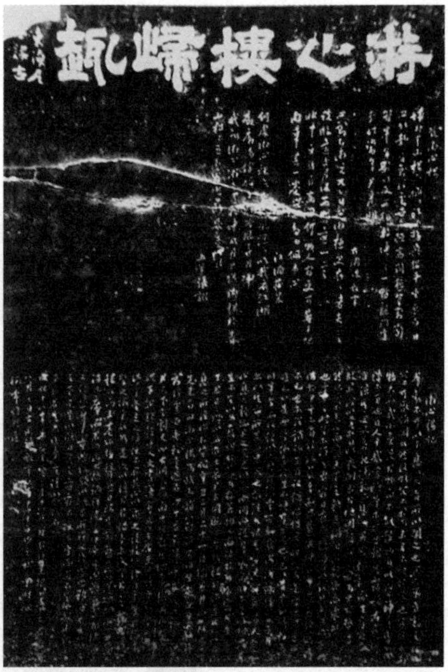
《游心楼归趣》碑拓片

二十二、《赠刘宗信还增城四首》碑

刘瓛，字宗信，增城贡生，屡试不第。他一向敬慕白沙，多次往返江门，与白沙共宿小庐山精舍，凡阅数月，受教甚深。《赠刘宗信还增城四首》正是明弘治六年（1493）刘宗信访江门归乡时白沙的赠别之作。该碑为砚石质，高56.5厘米，宽70.5厘米，为白沙以茅龙笔所书。龙门于明弘治九年（1496）才设县，此前该地属增城。此碑现藏于广东省惠州市龙门县永汉镇马图岗村。

《赠刘宗信还增城四首》碑

《赠刘宗信还增城四首》碑拓片

二十三、《增城刘氏祠堂记》碑

此碑为白沙于明弘治六年（1493）应刘宗信之请为刘氏宗祠而作。碑为砚石质，高178厘米，宽87厘米。现存于广东省惠州市龙门县永汉镇马图岗村。

《增城刘氏祠堂记》碑

《增城刘氏祠堂记》碑拓片

二十四、《孝思堂记》碑

明景泰五年（1454）白沙赴江西从吴与弼游，经常与老师言及对父亲的思念和未能尽孝的遗憾。吴与弼深为感动，为白沙写了《孝思堂记》。此碑为砚石质，高48厘米，宽42厘米。现存于白沙祠。

《孝思堂记》碑

二十五、《嘉会楼记》碑

明弘治七年（1494）六月，时任广东监察御史的熊成章创议为陈白沙兴建嘉会楼，以便于接待四方慕名来访的宾客。白沙极力劝止不果，嘉会楼于同年建成。明弘治十六年（1503）张诩受时任新会知县的罗侨之请撰记，以作纪念。后刻石立于楼前。碑为砚石质，高210厘米，宽104厘米。现存于白沙祠。

《嘉会楼记》碑

二十六、“千秋仰止”碑

此碑为白沙门人湛若水书，上款“正德辛巳仲冬”，下款“门人增城湛若水题，乾隆乙卯季冬重修”。花岗岩质，阴刻，长168厘米，宽25厘米。现存于江门市博物馆。

“千秋仰止”碑

二十七、《白沙先生改葬墓碑铭》碑

明正德十六年（1521）白沙墓由圭峰山迁于席帽山，湛若水作了这篇碑铭，时间与千秋仰止碑吻合。改葬碑铭于明嘉靖二十八年（1549）由新会知县林腾蛟主持刻石，白沙玄孙陈观光等立石。此碑后迁至白沙公园，竖立于白沙先生改葬碑亭内。碑为砚石质，碑上部被人为敲断，残高165厘米，宽130厘米。碑面亦多处损毁，部分字迹仍清晰可读，能与《陈献章集》附录中的湛若水原文相对应。

《白沙先生改葬墓碑铭》碑

二十八、《祭白沙祠文》碑

此碑为白沙友人林俊所撰。林俊（1452—1527），字待用，号见素，福建莆田人，曾任湖广、四川巡抚，工部、刑部尚书等职。《祭白沙祠文》是他在明正德元年（1506）托人到白沙祠致祭而撰写的祭文。碑为砚石质，高105厘米，宽125厘米。正楷书。整碑相当完好，现存于白沙祠。

这篇祭文也收辑在《陈献章集》附录之中。首段称“致祭于老友石翁陈先生有道之祠”。这是明正德元年（1506）的事，也说明此时，即在白沙辞世6年后，在新会地区已出现了祭祀他的祠堂，也是历史上的第一座白沙祠。它具体的方位和规模已无资料可稽。按推测可能是一座由门人修建的格局较小的祠堂。

《祭白沙祠文》碑

原因在于《陈献章集》附录里的另外两篇碑文——林俊《邑城白沙祠碑记》和张诩《邑城白沙先生祠祭田记》（碑已不存）均作于明正德九年（1514），林文引述了御史高公韶视察新会时说过的话：“先生之祠，顾独无立，非旷典，抑非吾人责欤？”张文也称高公韶“西巡至新会县，首命有司创白沙先生祠”。二文对于明正德元年（1506）的“有道之祠”不提一字，既说明其小及其私人所有的属性，也说明其规模不足以彰显官方的敬道重教。邑城白沙祠建造的时间明确，在明正德九年（1514），方位也明确，在会城北门街。所谓的“首命”也成立，因为它是由官方创建的第一座白沙祠。但实际上它是历史上存在过的第二座白沙祠。

二十九、《重修石斋陈先生祠堂记》碑

《重修石斋陈先生祠堂记》碑

该碑文也收入《陈献章集》附录之中，题为《改建邑城马山祠碑记》。碑文与《改建邑城马山祠碑记》经过对照，除标题不同之外，内容基本一致。

马山祠其实也即白沙祠，因地处新会学宫东北侧的马山而得名。据康熙《新会县志》记载，明嘉靖中叶，广东监察御史熊兰、提学副史欧阳铎最先将北门的白沙祠迁到马山。明嘉靖二十八年（1549）由时任广东监察御史的黄如桂倡议，新会知县林腾蛟、通判王子辂主持了白沙祠的修复和扩

大。这是官方修建的第二座白沙祠，也即是历史上存在过的第三座白沙祠。

碑记由黄如桂撰。砚石质，高221厘米，宽132厘米。楷书。整碑保存基本完好，仅右下侧略有损毁，但未及碑文部分；而碑下半部文字因风化较严重而略模糊。此碑现立于新会学宫东北侧的马山之麓，也即原马山祠附近位置。马山祠在抗日战争期间曾遭兵燹，1949年前被破坏而拆除。

三十、《改创白沙家祠碑记》碑

明万历九年（1581）冬，时任南京礼部尚书的何维柏视察江门，在白沙旧居瞻仰祭拜，倡议兴建家祠。明万历十一年（1583）家祠正式动工，次年秋落成。何维柏亲撰《改创白沙家祠碑记》一文，勒石以纪其事。

《改创白沙家祠碑记》碑

据稍后的黄士俊《重修白沙先生乡祠碑记》有“会省邑城各建先生专祠”的记载，加上湛若水在各地修建书院时往往建祠以祀先师，可以判断在明嘉靖至崇祯年间［尤其是在明万历十三年（1585）入祀孔庙之后］全省各地兴建有不少祭祀白沙的祠堂，单在江门地区，上已言及至少存在过4座白沙祠。但500余年后，只剩下了江门的白沙祠。

何维柏的碑记历述了这座仅存的白沙祠创建的缘起、各主事者人名，以及祠堂的制式等，是研究白沙祠历史的颇为重要的文献资料。碑为砚石质，高178厘米，宽94厘米。碑体保存基本完好，但碑面风化极为严重，字迹大部分已漫漶不清。此碑现存于白沙祠。

三十一、《重修白沙先生乡祠碑记》碑

明崇祯十三年（1640）时任两广总督的张镜心主持了白沙祠的第一次修复，碑记由时任礼部尚书、顺德人黄士俊撰文，吏部尚书何熊祥篆额，吏部文选司郎中梁应材书丹。该碑砚石质，高210厘米，宽102厘米。现存于白沙祠。

《重修白沙先生乡祠碑记》碑

三十二、《恭谒白沙先生家祠敬赋》碑

此碑为清康熙四十六年（1707）张恒来白沙祠拜祭后写的赋，末附《谒白沙先生墓》一诗。张恒生卒年、事迹不详。据撰者自称“云间后学”，估计是上海松江一带的诗人、学者。碑为砚石质，高41厘米，宽60厘米。现存于白沙祠。

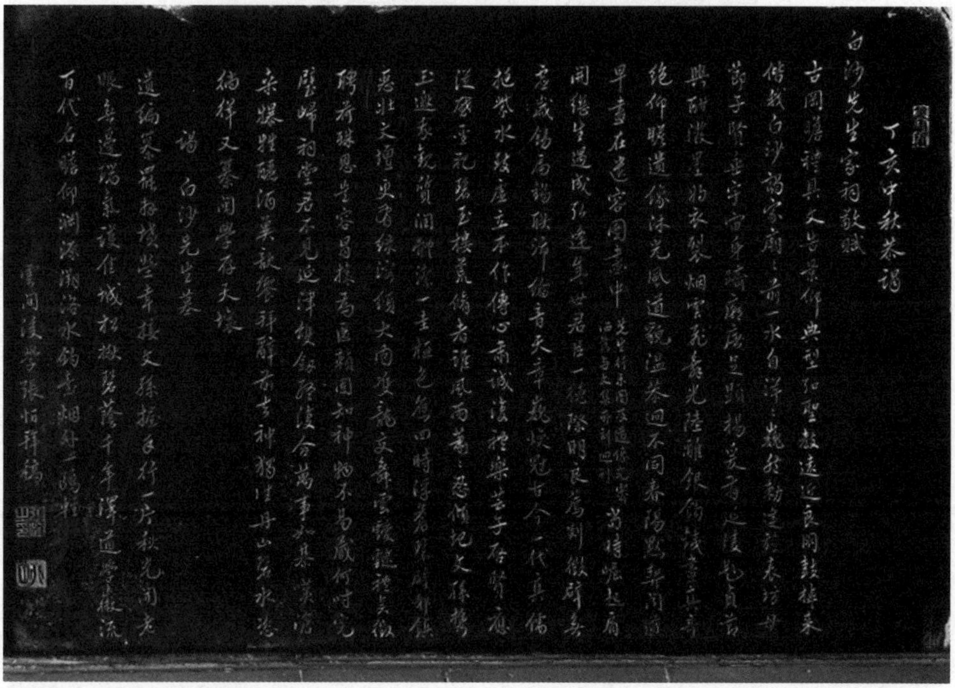

《恭谒白沙先生家祠敬赋》碑

三十三、《祭白沙祠文》碑

此碑是张甄陶于清乾隆十六年（1751）祭祀白沙祠写的祭文。张甄陶曾任翰林院编修，广东鹤山、新会知县等职。碑为砚石质，高62厘米，宽45厘米。现存于白沙祠。

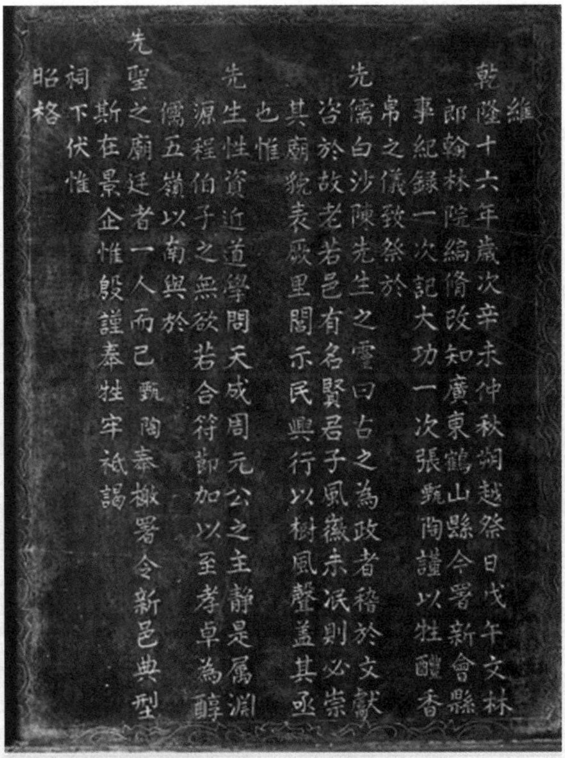

《祭白沙祠文》碑

三十四、“光风艇津”石刻

陈白沙与门人伍光宇过从甚密，伍光宇是江门外海南山乡人，置有一艇，命名为“光风艇”，不时与白沙泛舟水上，垂钓饮酒，作诗唱和，成一时佳话。清末民初南山乡人伍子豪在当年光风艇泊舟处的一块大石上刻“光风艇津”4字，兹以纪念。今石刻存于江门外海南山村一民宅屋后山坡。石质为灰质岩，长3米余，高1米余，阴刻，字径在45～60厘米之间。

“光风艇津”石刻

三十五、圭峰古雩台遗址

圭峰古雩台又称祈雨坛，据万历《新会县志》记载为丁积所筑。明成化十八年（1482）春大旱，时任县令的丁积在圭峰山筑坛求雨。白沙为此作了《祷雨祭五方土神文》、《祷雨告各神文》及《谢雨文》。

该遗址位于圭峰山龙潭北侧的山坡，坐东北向西南，由祭台、月池两部分组成。祭台为三合土砌筑，后壁垂直，中间沿后壁立有两块石碑，花岗岩质，每块高48厘米，宽32

厘米，厚9厘米。一块刻“龙潭洞，九天龙王大帝”，另一块刻“龙潭洞，风云雷雨之神”，楷书，阴刻。

三十六、贞节堂木刻系列

本系列木刻包括李东阳（西涯）《题贞节堂》4匾，《戒懒文》1匾，《忍字赞》1匾，《赠袁晖，用林时嘉韵》2匾，《寿湛丈》1匾，《书法》1匾，共6种10块木刻匾。为白沙以茅龙笔所书。现藏于江门市博物馆。

白沙书明代著名诗人李东阳《题贞节堂》4匾，各匾均为136厘米×38厘米

《忍字赞》，179.5厘米×34.5厘米

《戒懒文》，137厘米×28.8厘米

这些木刻匾原先悬挂于白沙祠贞节堂内。“文革”期间，白沙村的村民曾将这批木匾隐藏保护起来，使其得以留存至今。但它们镌刻的时间，直到目前仍未有确凿的证据，亦未经过权威的鉴定。而且至今未见这些刻匾的原纸本作品面世。因此，其制作年代还不能确定。

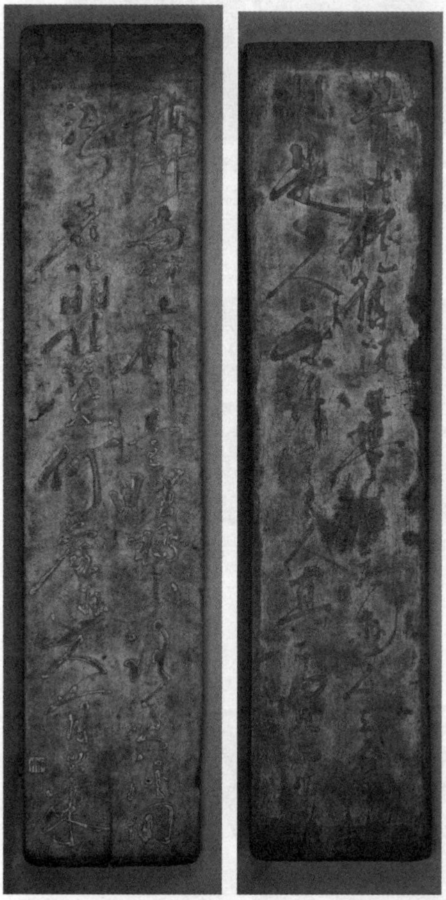

《赠袁晖，用林时嘉韵》2匾，《陈献章集》有4首，木刻为其中2首。“青山”，146.5厘米×33.1厘米；“植竹”，150厘米×29.2厘米

《寿湛丈》，146厘米×28.5厘米

《书法》，144厘米×36.3厘米

三十七、白沙散见于各地的木、石匾额

《击玉又敲金》诗匾，白沙以茅龙笔书，赠门人林廷献。匾末有清代著名外交家、吴川人陈兰彬跋。原匾藏于广东省吴川市吴阳镇林氏大宗祠，后为私人收藏。此据原匾复制

白沙题“敦本堂”木匾，现存于广东省江门市蓬江区潮连卢氏大宗祠

“诗书世泽”匾。花岗岩质，阳刻，清康熙年间重修，现存于广东省广州市番禺区何氏大宗祠

白沙书“留耕堂”木匾，现存于广东省广州市番禺区何氏大宗祠留耕堂内

陈氏大宗祠匾，花岗岩质，阴刻。现存于广东省佛山市三水区白坭镇陈氏大宗祠。这里是白沙门人陈冕的家乡。白沙曾在陈冕的陪同下在此讲学，游历

丁氏祠堂木匾，清光绪九年（1883）重修，现悬于广东省东莞市东坑镇丁氏祠堂前

湖南汝城朱英家庙“太保第”内的柱石名家匾额。落款署“古冈陈献章”。庙和匾曾经过维修，很可能是后来仿制的

南宋名臣崔与之去世后，朝廷赠谥号“清献”，后人亦尊称之崔清献。其后人从增城迁居省内各地，广建祠堂祀之。现只剩下广东省清远市佛冈县水头镇下村的清献崔公祠。该祠匾额为白沙以茅龙笔书写

广东省韶关市风采楼匾。风采楼于明弘治十年（1497）为纪念北宋名臣余靖而建。白沙于同年以茅龙笔所书，刻在三块各一米见方的汉白玉石板上。并作有《韶州风采楼记》一文，曾刻成碑，今碑已不存

第四章　书法及画像

白沙的书法作品和他的碑匾一样，同样是其遗存物中的大宗。也即在本书所列的遗存物之中，除了碑匾之外，比较起来还是以他的纸质书法作品为最多见。因白沙在生时已是获得崇高声誉的书法家，可以推测白沙的书法作品数量在当时是很丰富的。遗憾的是，时光荏苒，它们多数已不存于世。而留存下来的作品，目前主要分散收藏于国内的各个博物馆，个别流转、收藏于海外；而国内私人收藏的情况，除部分出现于拍卖行外，基本上已不可查考。

应该说，除了部分较著名的作品，能为书法研究者、爱好者引用而发表于各类刊物、书籍或网络外，多数白沙的书法作品还是庋藏于馆库，很少做公开的展示，因而也不大为人所熟知。以下，编者根据《中国古代书画图目》一书对馆藏白沙书法作品的种类、藏地进行一个简略的介绍。

作品名称	种类	收藏地
《大头虾》	轴	故宫博物院
《行书诗》	卷	故宫博物院
《草书再拜江门诗》	卷	故宫博物院
《行草题沈氏所藏文公真迹》	卷	故宫博物院
《草书兰亭序》	卷	故宫博物院
《行书心贺诗》	卷	首都博物馆
《行书送刘岳伯等诗》	卷	上海博物馆
《草书七绝诗》	轴	上海博物馆

（续上表）

作品名称	种类	收藏地
《草书朱子敦本章》	轴	上海博物馆
《草书诗》	卷	辽宁省博物馆
《行草诗》	卷	辽宁省旅顺博物馆
《草书七绝诗》（残）	轴	浙江省图书馆
《草书赛兰香诗》	轴	苏州博物馆
《行书诗》	卷	广东省博物馆
《行书病中咏梅诗》	卷	广东省博物馆
《行书与梁文冠说诗》	卷	广东省博物馆
《行书五言律诗稿》	卷	广东省博物馆
《草书种蓖麻诗》	卷	广东省博物馆
《草书诗》	轴	广东省博物馆
《行草自春诗卷》	卷	广州市美术馆
《行草诗卷》	卷	西安文物考古研究所
《送张进士廷实还京序》	卷	香港艺术馆
《七言诗》	卷	香港中文大学
《九九五言诗》	轴	香港中文大学
《白马庵夜雨联句诗》	卷	香港中文大学
《病中咏梅诗》	卷	美国普林斯顿大学美术馆
《行草南归诗翰》	卷	江门市博物馆
《大头虾说》	轴	江门市博物馆
《题邝筠巢诗》	轴	江门市博物馆
《书孟郊诗》	轴	江门市博物馆
《雨中偶得七言诗》	卷	江门市新会区博物馆
《行楷方先生杂箴》	卷	江门市新会区博物馆

上列馆藏白沙的书法作品中，较常见的有故宫博物院藏《大头虾》立轴，上海博物馆藏《行书送刘岳伯等诗》卷，广东省博物馆藏《草书种蓖麻诗》卷以及美国普林斯顿大学美术馆藏《病中咏梅诗》卷等数种。它们当然是白沙的重要作品。但在其他较少向公众展示的馆藏品中也不乏杰作，如江门市博物馆藏《行草南归诗翰》卷，香港艺术馆藏《送张进士廷实还京序》卷等，特别值得一提的还有首都博物馆藏白沙晚年所作的《行书心贺诗》卷。对这些重点的作品，编著者将以稍详细的文字，以做绍介。

另外，还需说明的是，在查阅《中国古代书画图目》一书时，我们发现有些作品只存目而无图，例如故宫博物院虽列出5种白沙书法作品，但实际上只有《行书诗》卷和《大头虾》立轴2种可见，缺其余3种，从其他途径补充了2种，唯独《草书兰亭序》仍无法一睹庐山真面目，是未经专家鉴定或是其他原因这里不能详考。有些虽然具图，但目录备注里却有专家“疑伪”的意见，如上海博物馆藏《草书朱子敦本章》和广东省博物馆藏《行书诗》《草书诗》即是，为慎重计，本书暂不予采用。同时，由于《中国古代书画图目》一书编于1983年，各地博物馆藏白沙书法作品的数目只能据此年进行统计，不能概括目前的收藏情况。30多年以来，当有不少新发现的白沙书法作品进入库列，这些都有待将来通过新版图目或其他途径得以公开。

馆藏品大都经过专业的鉴定或甄别而较为可靠，而各拍卖行的白沙书法作品则难免鱼目混珠，因为历代仿作甚多，部分赝品不免羼入其中。然而为避免遗珠之憾，本书也从中选择了一些品相较好的作品，当然仅仅作为参考，并不代表编著者对其真伪的个人意见。

在白沙遗存的书法精品之外，我们也尽量搜集有关白沙的画像作品，以做展示。原因在于，作为“间接的遗存物”的画像作品，同样包含着不少的历史信息，能加深后人对白沙的了解。

画像，具体是指明、清、民国三代画师为白沙绘制的人像作品。距离白沙生活时期最近并可知作者的造像，是沈周（号石田）的《白沙先生松泉小像》。沈石田是明代著名的山水画家，吴门画派的代表性人物。他虽比白沙年长一岁，但十分倾慕白沙高迈的人格和心学思想。成化年间，沈氏作《玉台高隐图》并题诗《画玉台山图答白沙先生陈公甫》寄赠。白沙和以《沈石田作玉台图，题诗其上见寄，次韵以复》一诗。《白沙先生松泉小像》的绘制时间还不能确定，亦有人称作《白沙先生松泉遗像》，如属实，此画便有可能是沈氏在白沙去世之后所绘。言及于此，曾见资料称沈石田到过新会圭峰山写景，并拜访白沙。其实，沈氏与白沙素未谋面，二人只算是神交。这从他的七律《闻白沙先生讣》二首中“生知只藉两诗酬，死惜曾无半面由”之句可以推断。白沙心学曾对吴门画派产生过一定的影响，晚近学者已有所论述，此不赘言。

此外，采自网络的几幅白沙像，其作者以及作品藏地等均不可考，本书亦姑且列入以做存案。

一、故宫博物院及各省博物馆藏品

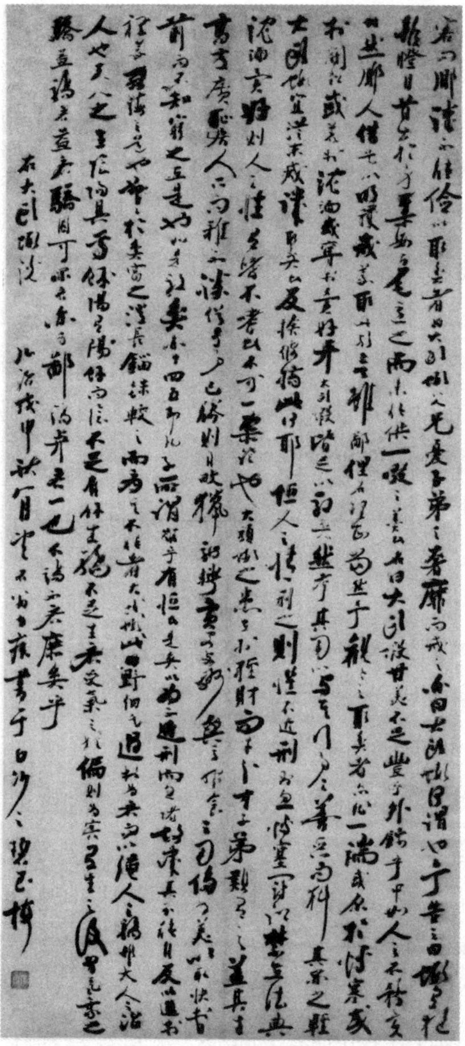

《大头虾》立轴，158.3厘米×90.5厘米，茅龙笔书，故宫博物院藏。此作与江门市博物馆所藏《大头虾说》立轴内容基本一致，笔法、尺幅也较为相近。白沙书写于明弘治元年戊申（1488），比江门市博物馆藏版的书写时间晚了一年

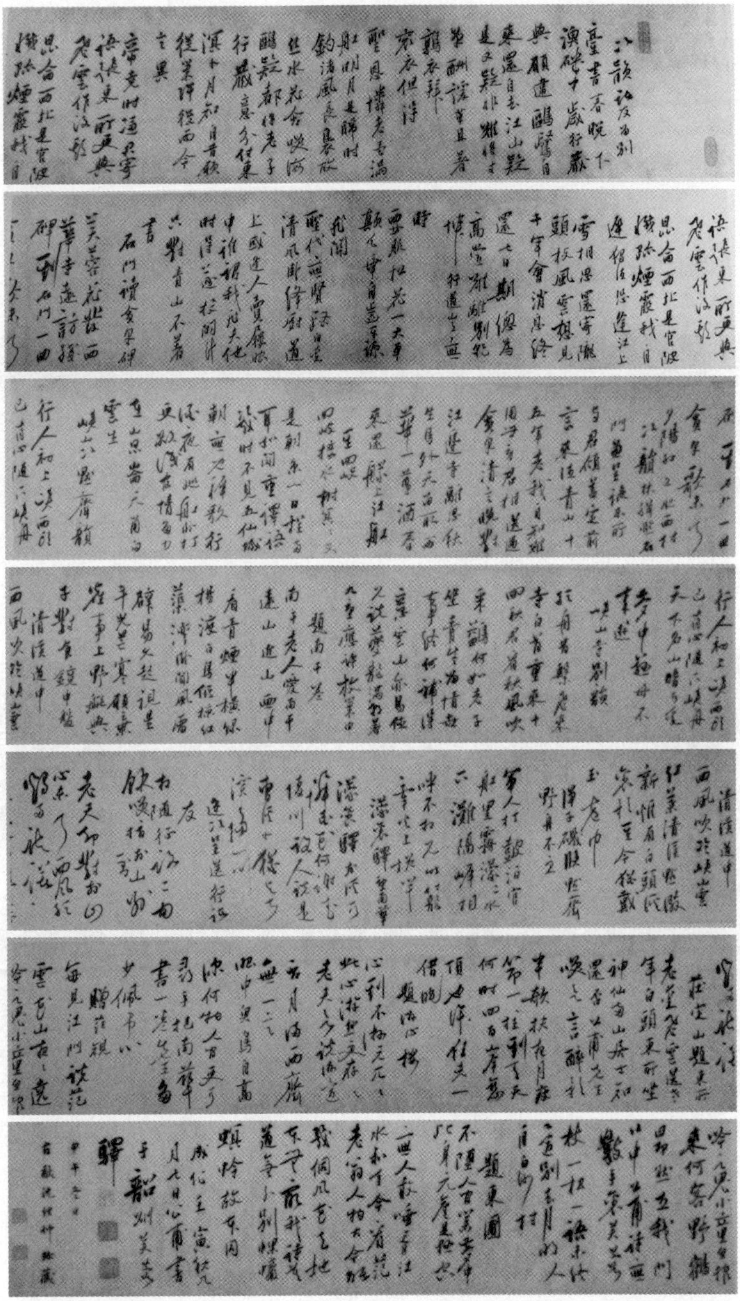

《行书诗》卷，27.3厘米×712.5厘米，毛笔书，故宫博物院藏。此卷是白沙于明成化十八年（1482）应诏上京途经韶州芙蓉驿（今广东省韶关市一带）时所书

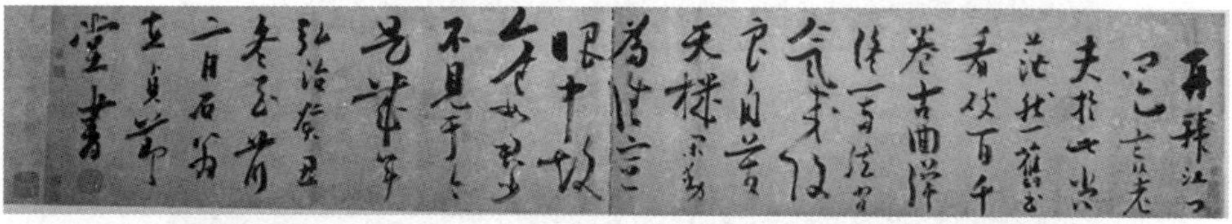

《草书再拜江门诗》卷，24.5厘米×125厘米，故宫博物院藏。图片采自秦有朋主编《陈献章书法集》

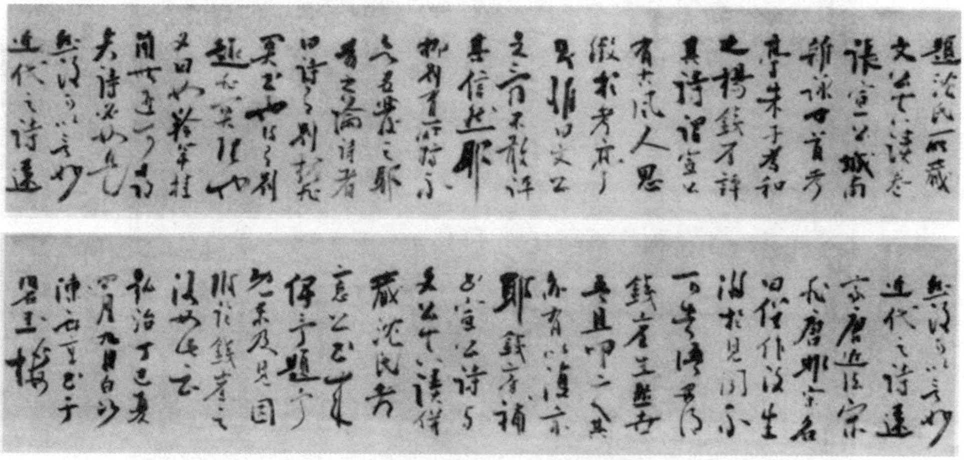

《行草题沈氏所藏文公真迹》卷，155厘米×690厘米，故宫博物院藏。图片采自网络

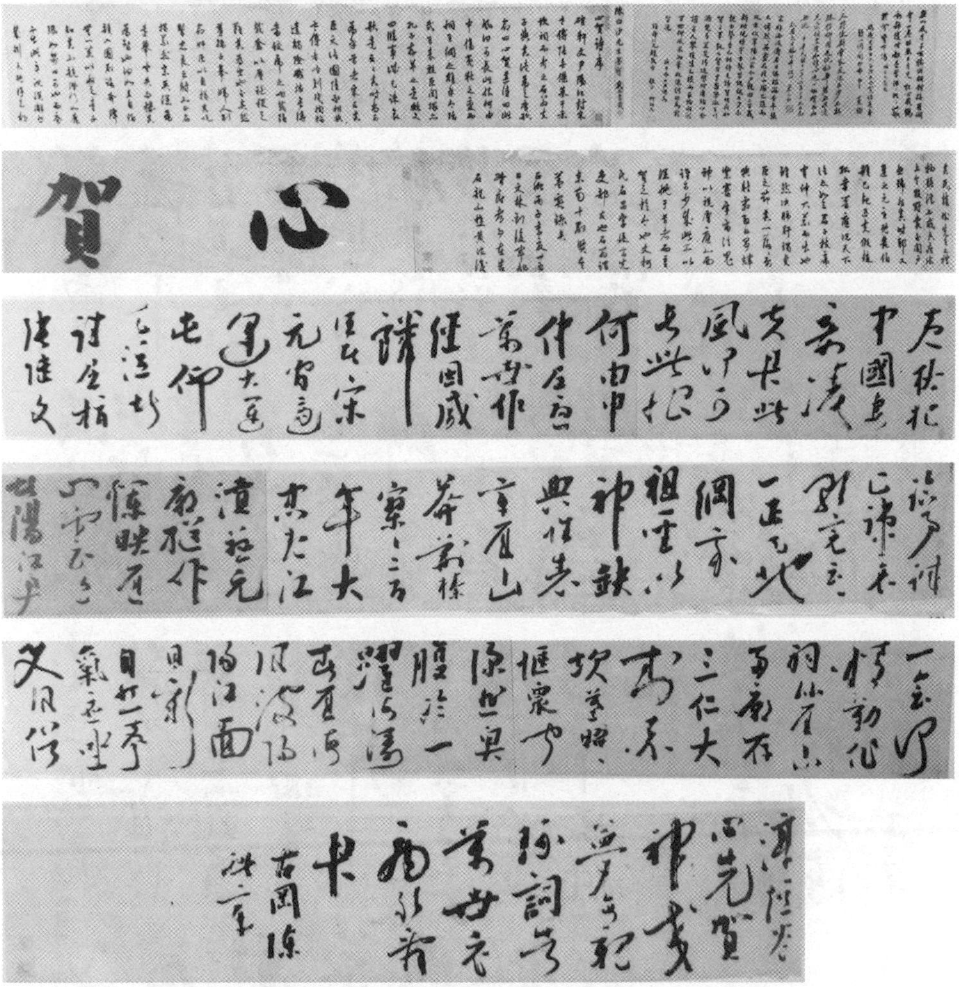

《行书心贺诗》卷，24厘米×594厘米，首都博物馆藏。卷首有莆田黄绾（号石龙山樵）于明正德十一年（1516）所书的诗序。白沙的诗在《陈献章集》里题为《寄贺柯明府》。柯明府即时任广东阳江县令柯昌。弘治十二年（1499）柯昌为南宋名臣张世杰修墓建祠，白沙写了这首诗寄贺，时在其辞世前一年。此卷堪称白沙暮年的力作

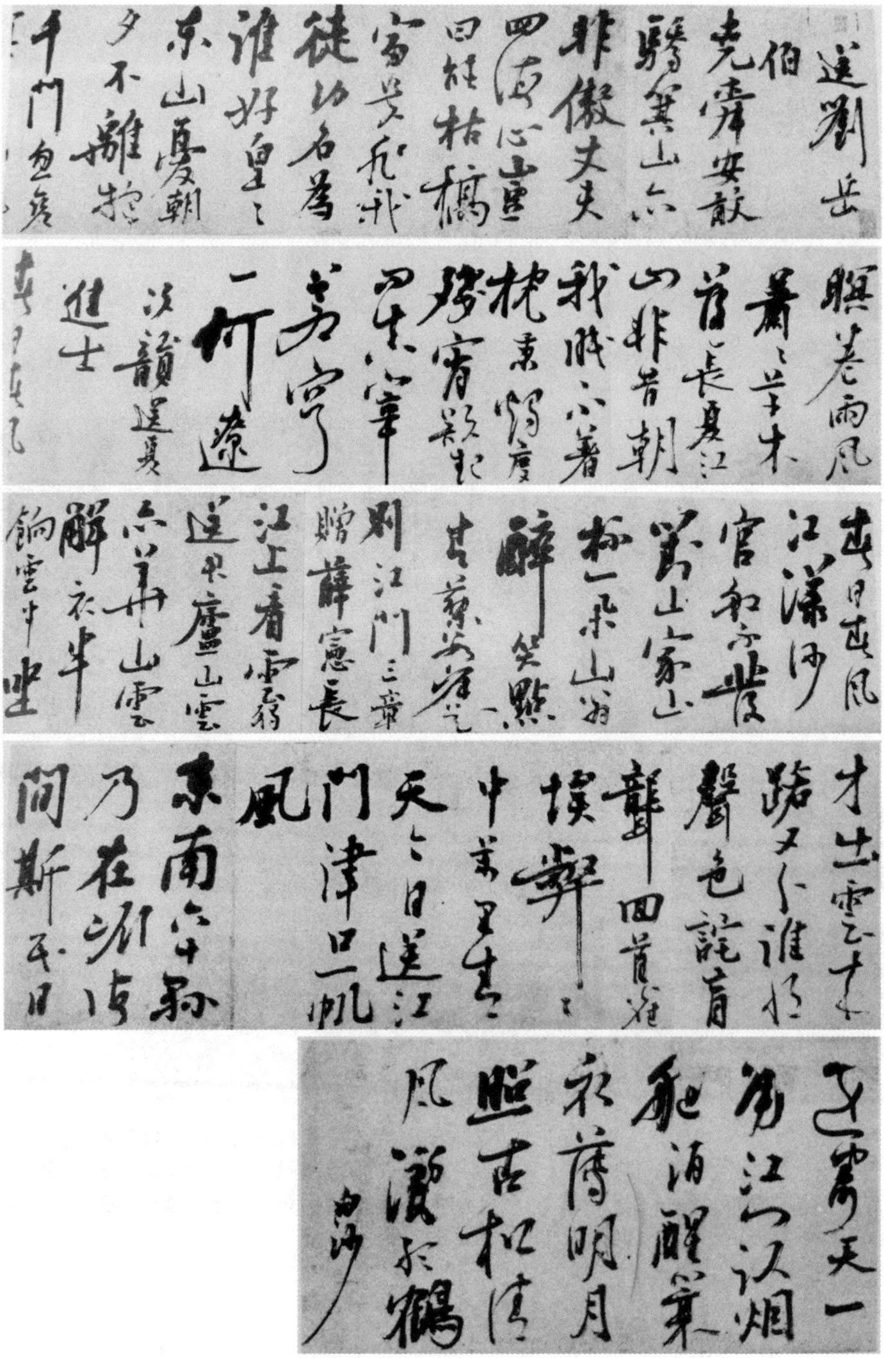

《行书送刘岳伯等诗》卷，27.3厘米×514厘米，上海博物馆藏

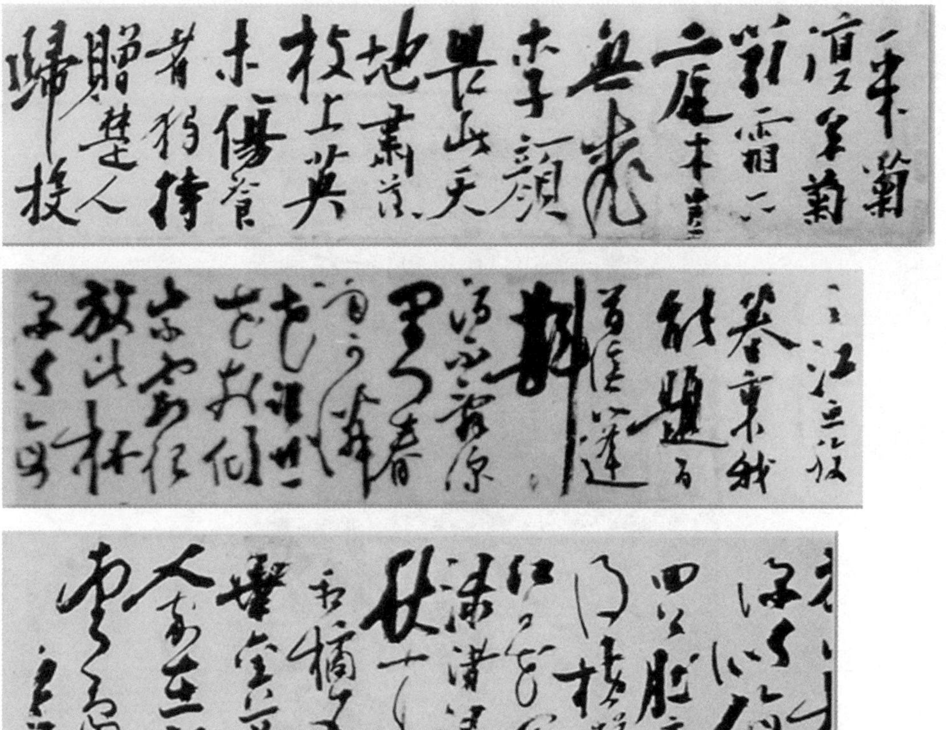

《行草诗》卷，21.6厘米×389.4厘米，辽宁省旅顺博物馆藏

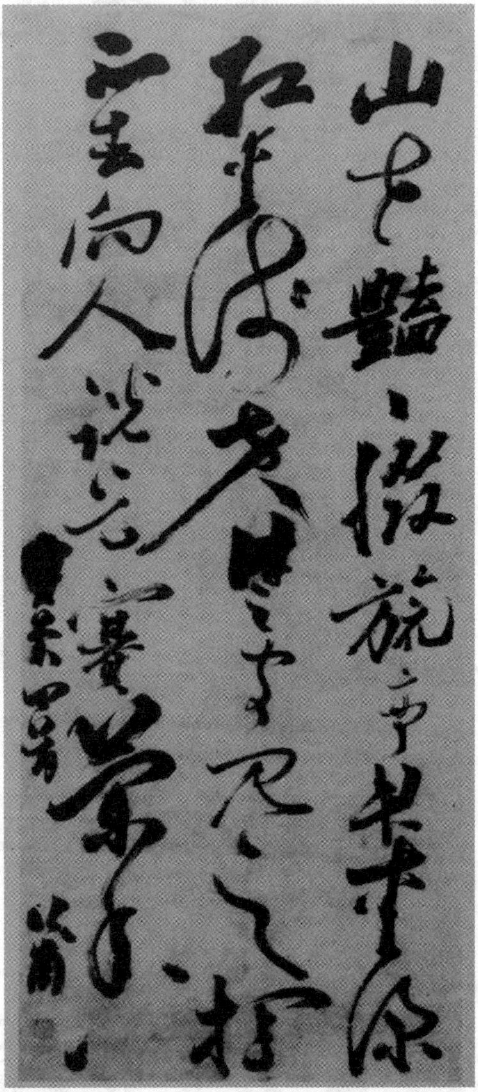

《草书赛兰香诗》，151.7厘米×61.4厘米，苏州博物馆藏

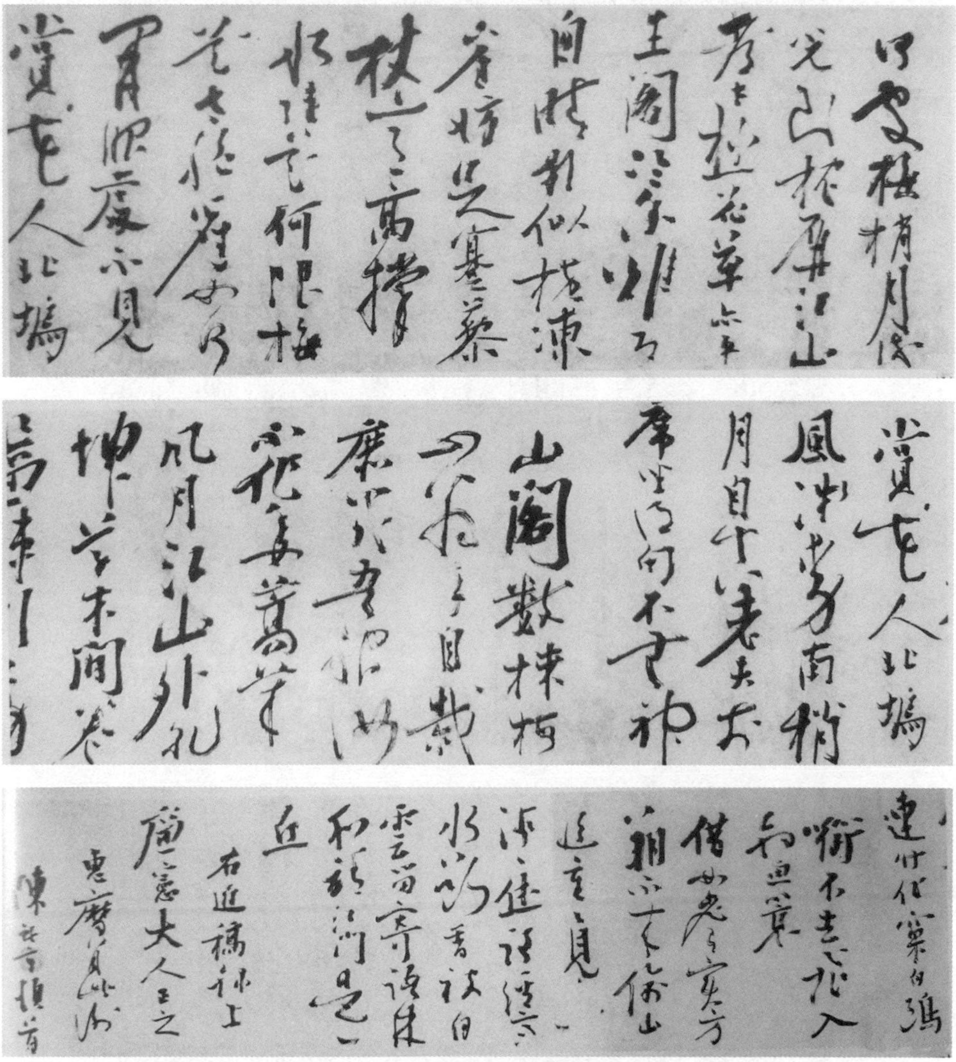

《行书病中咏梅诗》卷，31.5厘米×336.7厘米，广东省博物馆藏

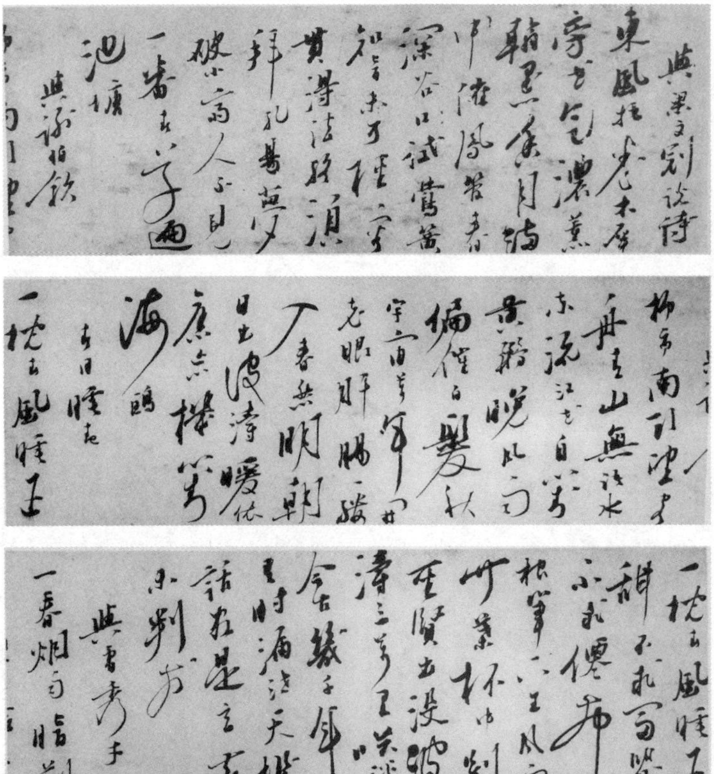

《行书与梁文冠说诗》卷，24厘米×291厘米，广东省博物馆藏

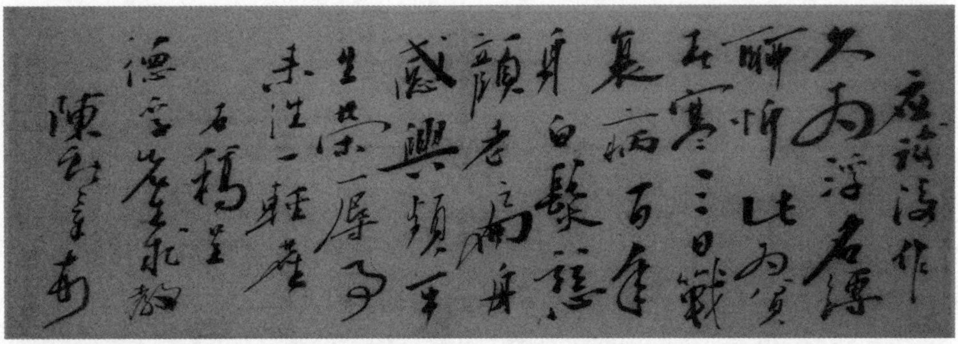

《行书五言律诗稿》，19.4厘米×52厘米，广东省博物馆藏

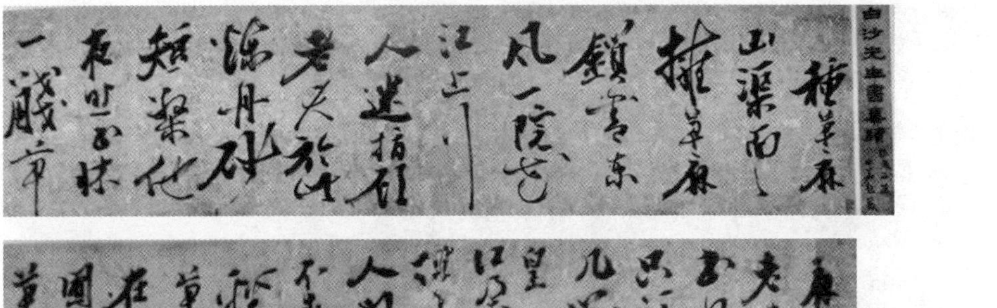

《草书种蓖麻诗》卷，25厘米×431.2厘米，广东省博物馆藏

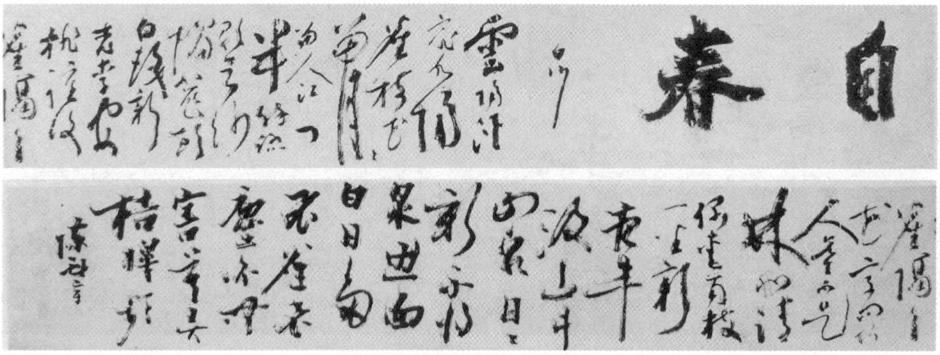

《行草自春诗卷》，29厘米×232厘米，广州市美术馆藏

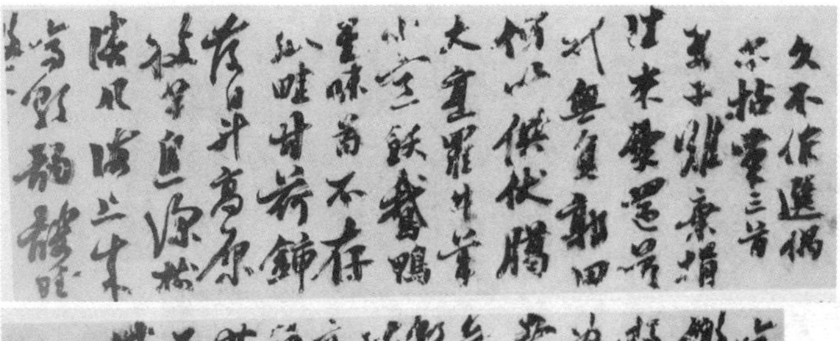

《行草诗卷》，西安文物考古研究所藏，这是白沙较罕见的作品

二、香港和海外部分馆藏品

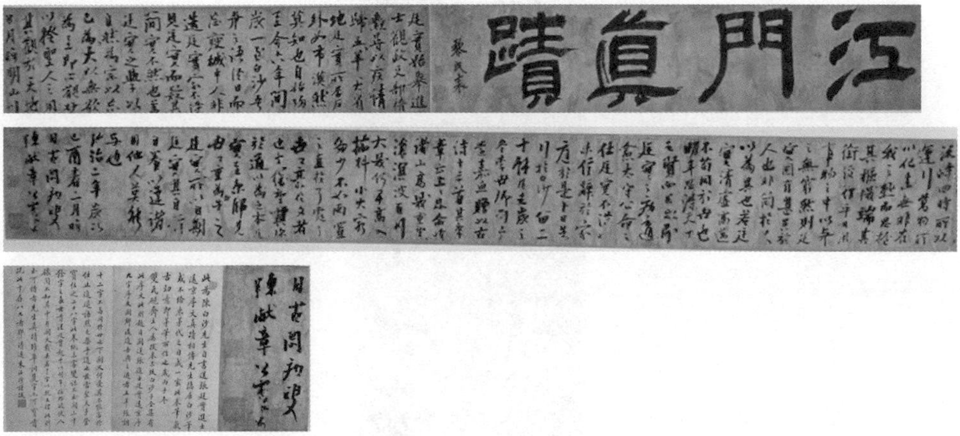

《送张进士廷实还京序》长卷，20.3厘米×246厘米，香港艺术馆藏。黎民表隶题，朱汝珍跋

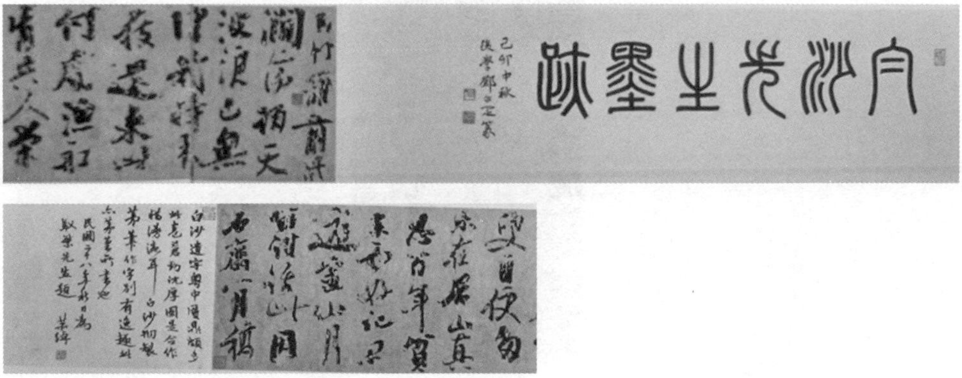

《七言诗》卷，27厘米×99.5厘米，香港中文大学藏。手卷有邓尔疋篆题，叶恭绰跋

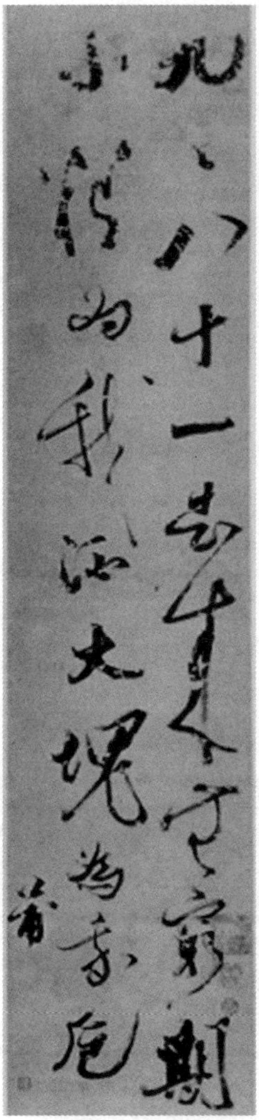

《九九五言诗》轴，137厘米×29.5厘米，香港中文大学藏

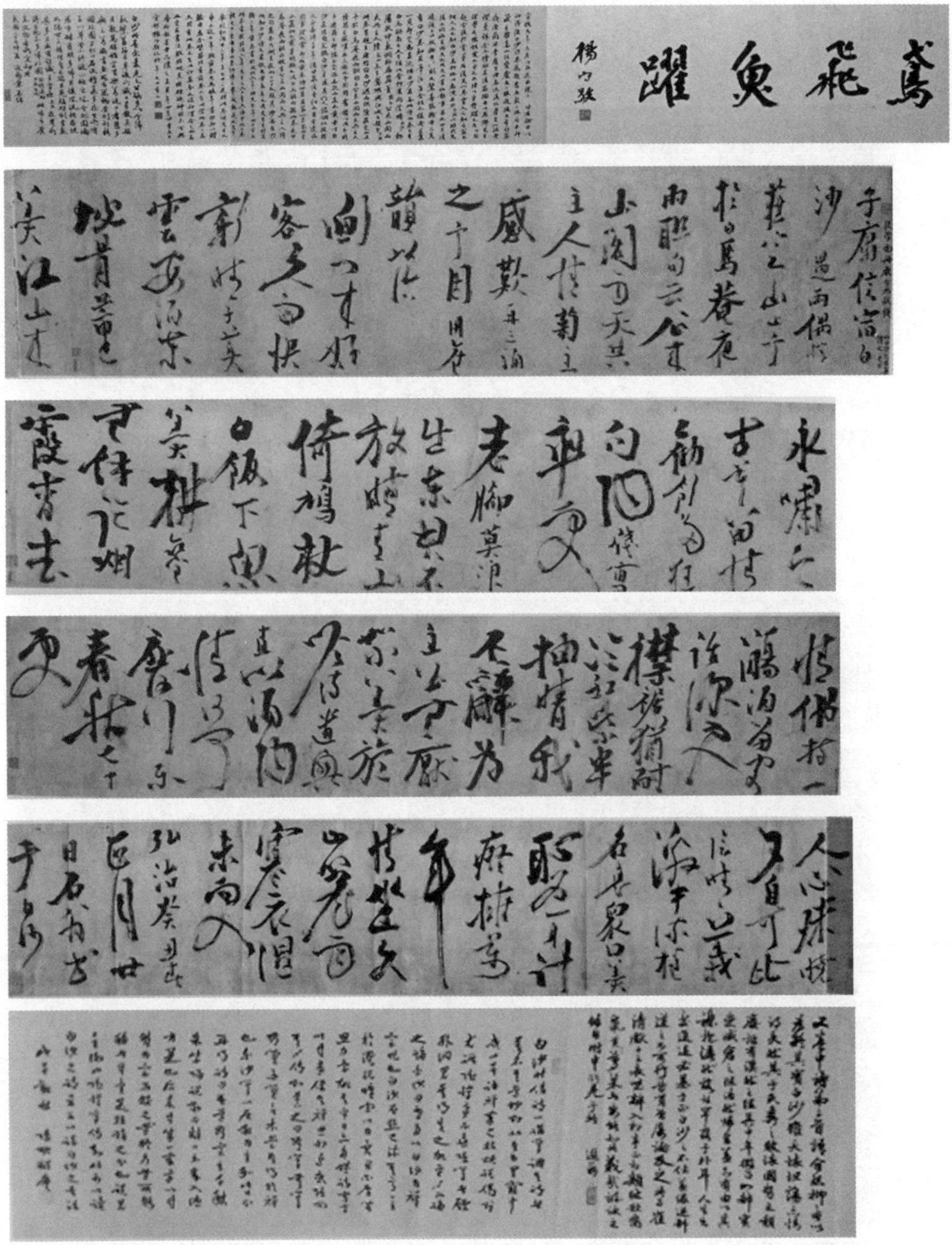

《白马庵夜雨联句诗》卷，30.5厘米×855厘米，香港中文大学藏。此卷有杨守敬、叶恭绰等人题跋。卷心前端有“后学南海康有为敬题，此白沙先生真迹也，更生”等字。白沙此卷作于明弘治六年（1493），次10年前南京白马庵联句韵而作，前有白沙诗序，大略说明了写作此诗的缘起

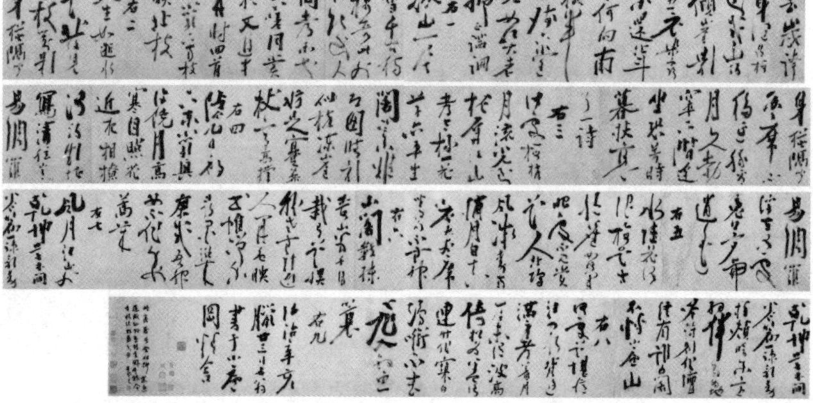

《病中咏梅诗》行书长卷，30.5厘米×897.4厘米，美国普林斯顿大学美术馆藏

三、江门、新会博物馆藏品

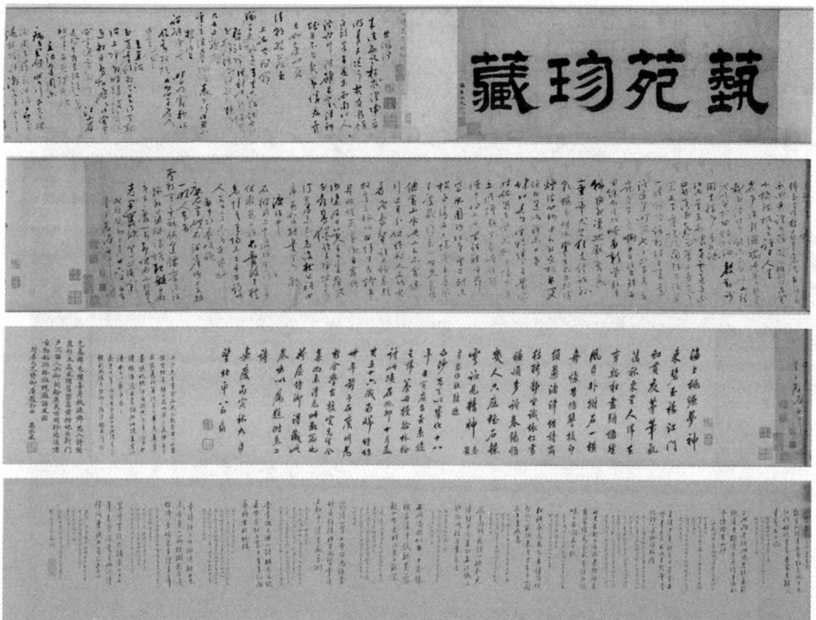

《行草南归诗翰》卷，30厘米×1000厘米，毛笔书，江门市博物馆藏。此卷是白沙于明成化十九年（1483）自京南归至桃源（今江苏泗阳）抄录新作《出潞河》等20首诗的底本。黎民表隶题，卷后有翁方纲、蔡之定、万承风、潘正炜、梁鼎芬等人跋。其中梁鼎芬的诗跋与白沙诗作相对应，达20首之多。蔡之定的跋高度赞誉此卷，称其“无意求佳”，然而“笔墨俱化，纯任自然”，可谓的论

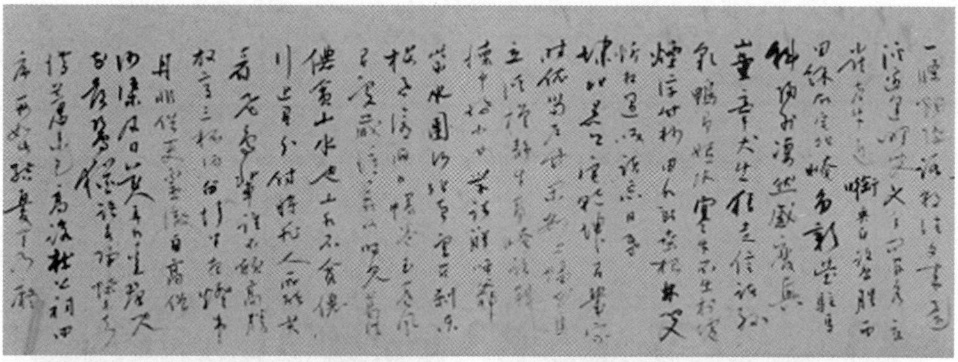

《行草南归诗翰》卷局部

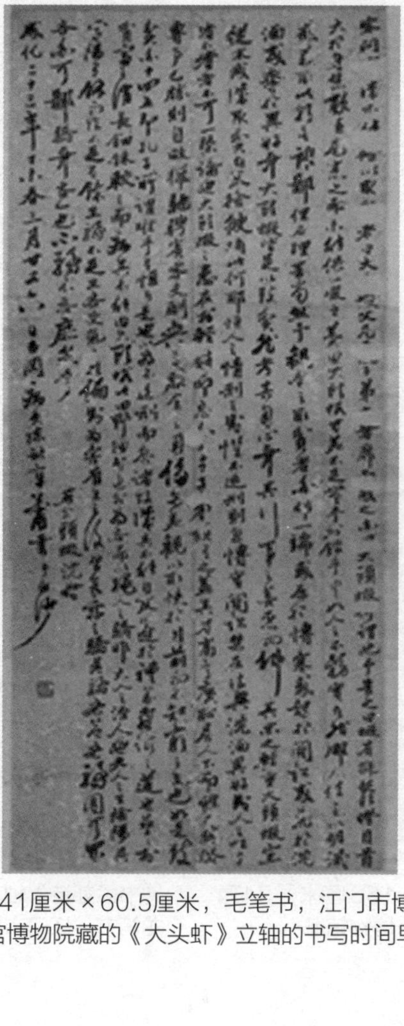

行书《大头虾说》立轴，141厘米×60.5厘米，毛笔书，江门市博物馆藏。白沙书于明成化二十三年（1487），比故宫博物院藏的《大头虾》立轴的书写时间早了一年

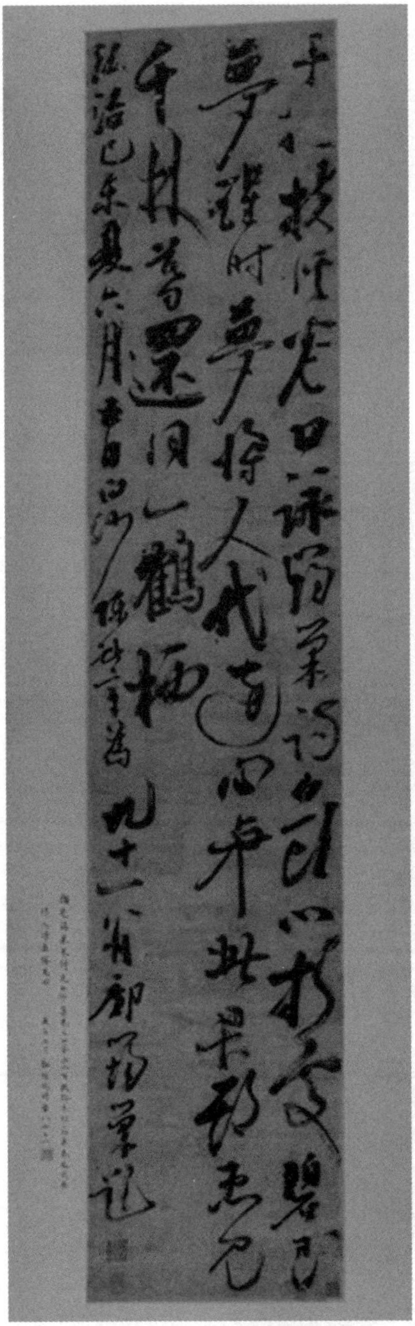

《题邝筠巢诗》轴，156厘米×31厘米，茅龙笔书，江门市博物馆藏

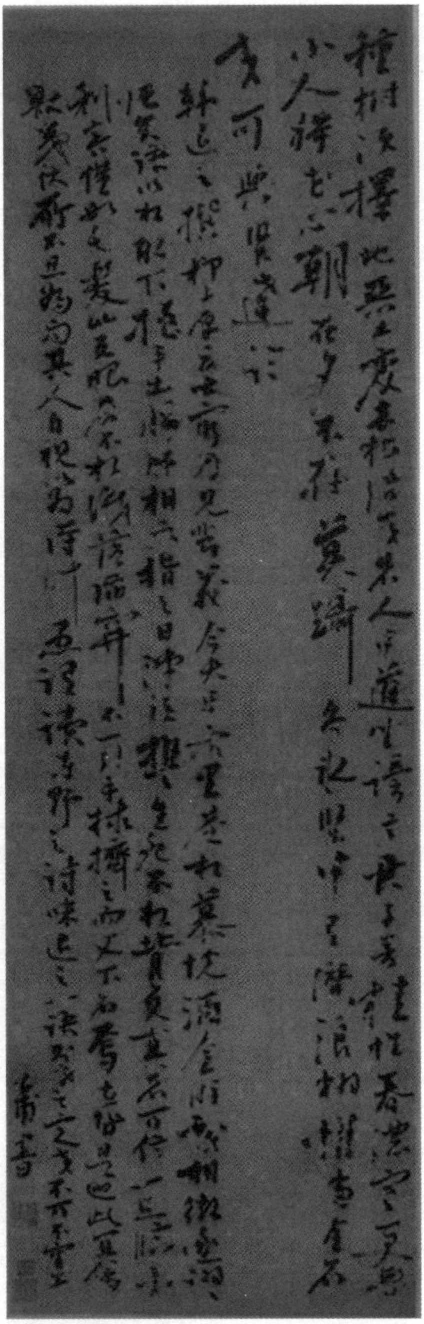

《书孟郊诗》轴，109厘米×34厘米，茅龙笔书，江门市博物馆藏

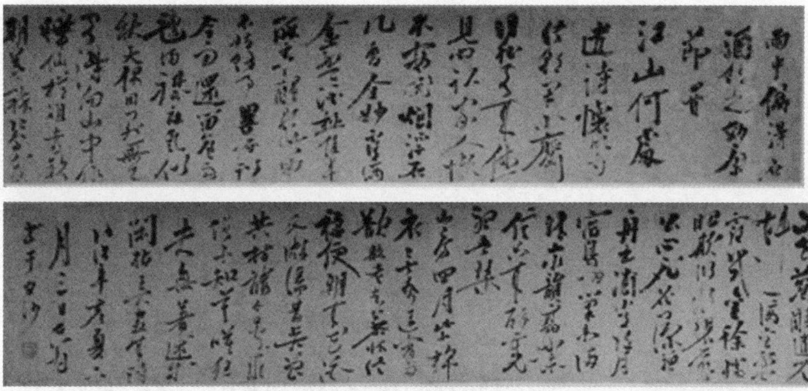

《雨中偶得七言诗》卷，30.7厘米×308.1厘米，茅龙笔书，江门市新会区博物馆藏

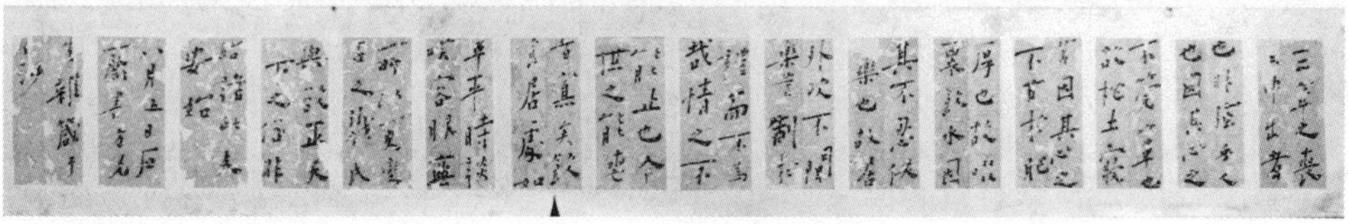

《行楷方先生杂箴》卷，30厘米×231厘米，毛笔书，江门市新会区博物馆藏

四、拍卖行或私人收藏部分作品

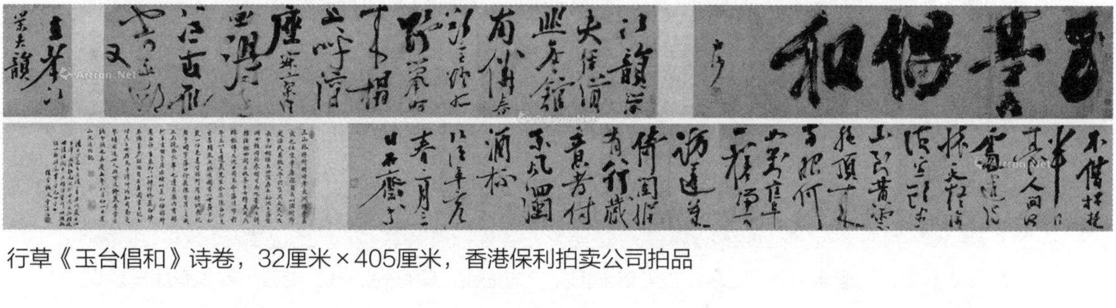

行草《玉台倡和》诗卷，32厘米×405厘米，香港保利拍卖公司拍品

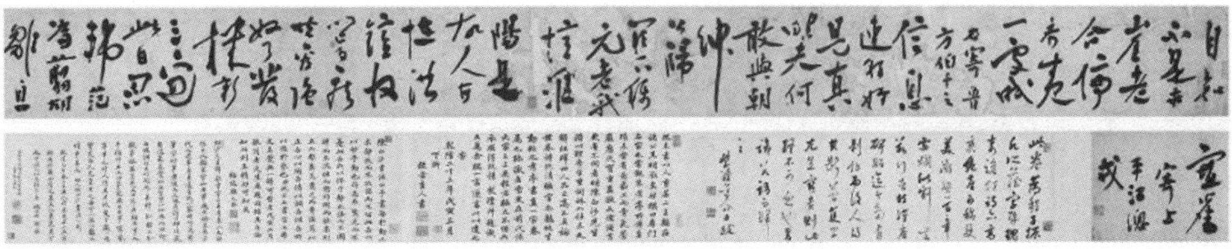

《行草诗》卷，25.5厘米×301厘米，杭州西泠印社拍卖公司拍品

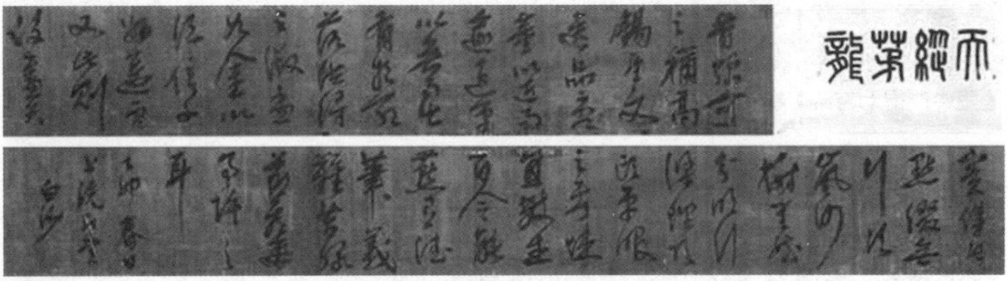

《行草诗》卷，44厘米×580厘米，北京翰海拍卖公司拍品

《草书诗》卷，30厘米×260厘米，香港吉斋拍卖公司拍品，康有为旧藏，卷首、卷末有康氏题识

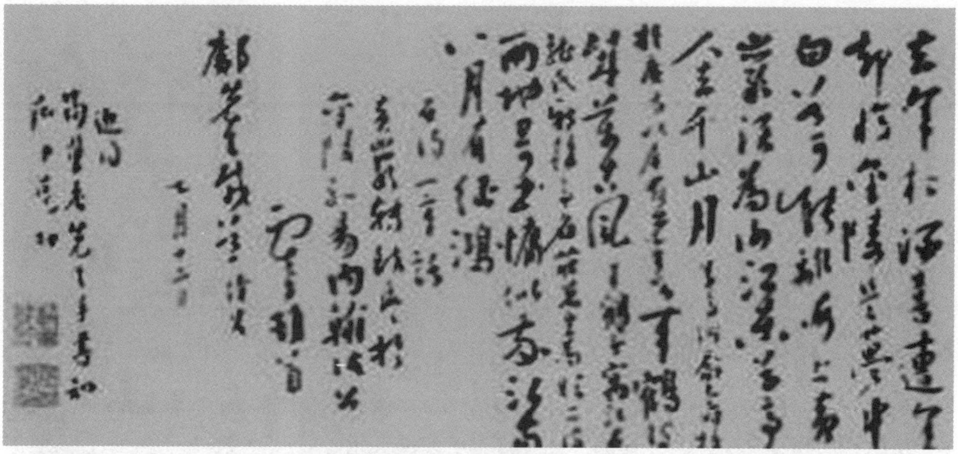

《寄黄岩邝载道诗卷》，21.7厘米×87厘米，香港北山堂藏品

《草书七言诗二首》轴，176.5厘米×61厘米，上海明轩秋季拍卖会拍品

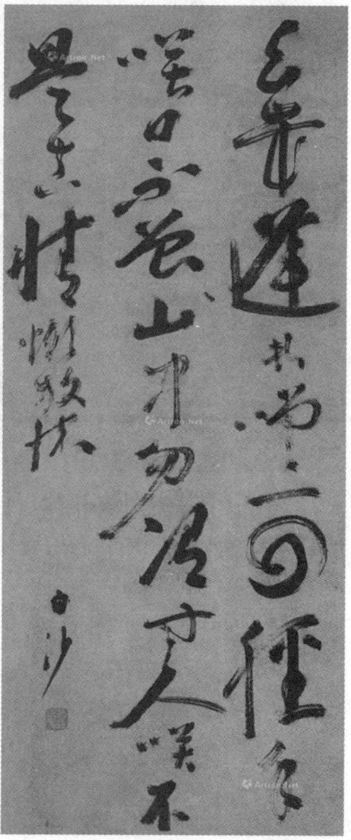

《草书七言诗》轴，105厘米×43厘米，广州某拍卖公司拍品

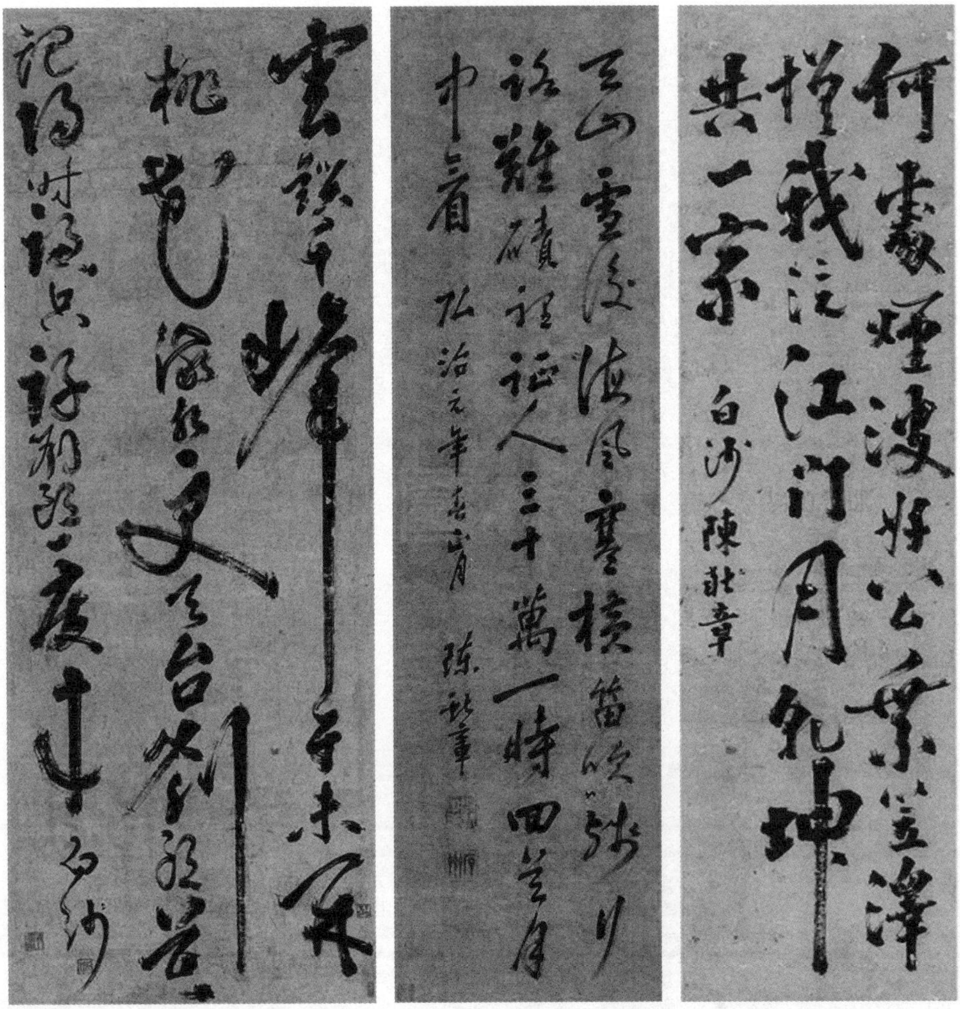

左：《草书》立轴，136厘米×49.5厘米，北京永乐拍卖公司拍品；中：《行书》立轴，171.5厘米×46厘米，北京翰海拍卖公司拍品；右：《行书五言诗》，170.5厘米×46.5厘米，香港嘉德拍卖公司拍品

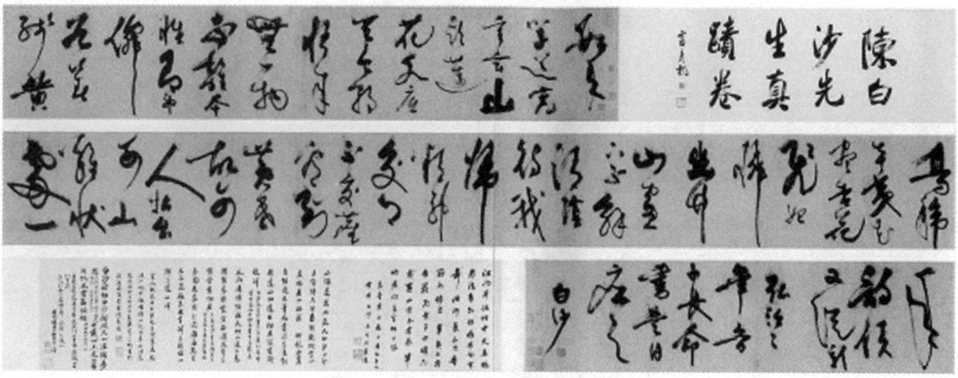

《草书诗》卷，30.5厘米×552厘米，曾为著名学者容庚所藏，录于其《颂斋书画小记》一书

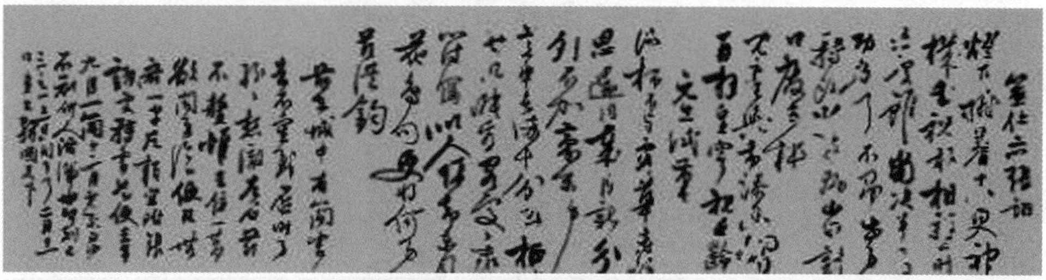

《篮仕示张诩等诗》卷，作品尺寸及收藏人均不详

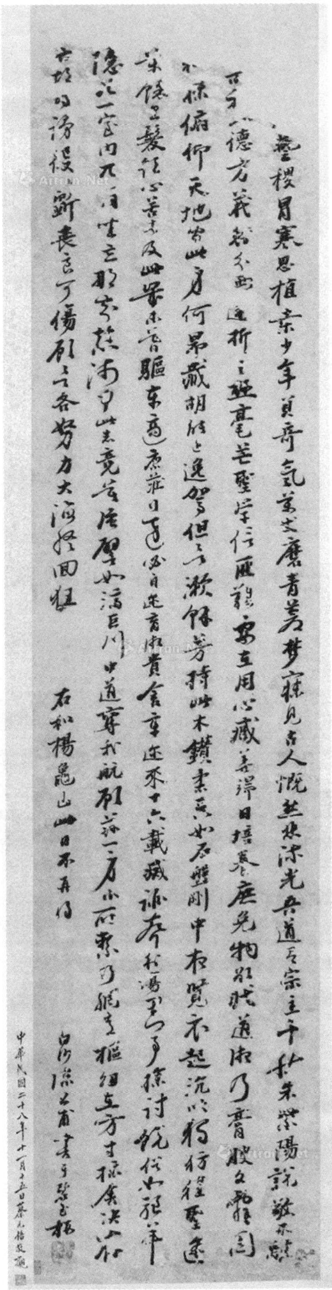

行书《和杨龟山此日不再得》诗轴，尺寸和藏家不详。左下角有蔡元培题识

五、白沙画像

《白沙先生松泉小像》，尺寸不详，明代沈周绘，原白沙村陈世赖堂藏

明代佚名《陈献章像》，纸本设色，166厘米×91厘米，广东省博物馆藏

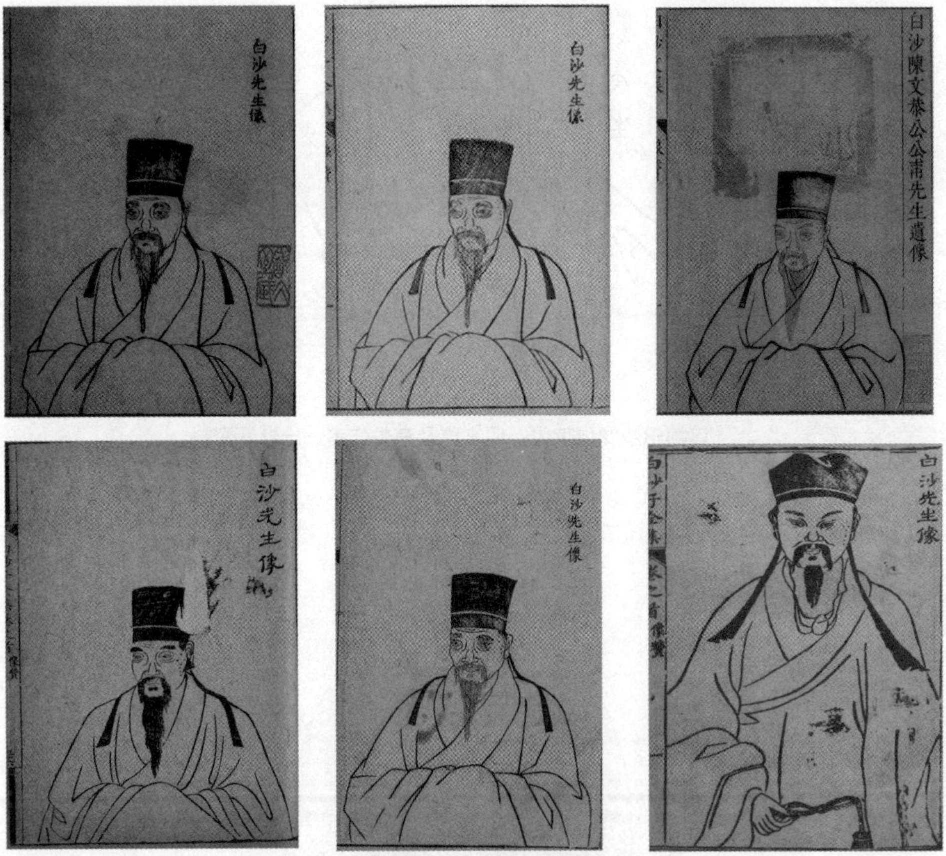

明、清两代出版的白沙文集中不少附有白沙像。此处所选6种画像，5种都极其相似，其中较早的为明万历四十年（1612）何上新版的画像，其后似相为沿袭，仅清乾隆辛卯年（1771）碧玉楼版有所不同。不过它们都有一个共同特点，就是人像左颊上都绘有状如北斗的七黑子

这帧白沙像也常见，但未查及有关作者、出处等资料

这是一张流传于网络、使用频率颇高的白沙像，但无法搜索到任何有关作者、来源及原作收藏地的资料。它与清代画家何翀的《白沙先生像》极其相似，只是在人物的五官、衣褶等方面有微小的出入，因此不能确定两者的先后或临摹关系

清代何翀《白沙先生像》，139厘米×62厘米，江门市新会区博物馆藏

李维楸（字载枰，广东省江门市蓬江区荷塘人）作于清光绪己丑年（1889）。此像明显是以沈石田《白沙先生松泉小像》为摹本绘制的。尺寸、现藏地不详

《陈白沙先生遗像》，尺寸、藏地不详。陈荆鸿隶题。陈荆鸿是广东顺德人，生于晚清，为近现代著名书画家

《白沙先生遗像》。尺寸不详，原藏于白沙村陈世赖堂。黄维琩隶题。黄维琩是广东顺德人，生于晚清，为近现代著名金石家，精隶书

第五章　白沙文集

最早有关白沙文集刊刻情况的历史信息，同样来自白沙的文集。明弘治十六年（1503），罗侨出任新会知县，下车伊始，便把编辑《白沙先生全集》作为一项要务。2年后，文集编成付梓，白沙门人张诩为之作序，刊于卷首，是为历史上第一部白沙的诗文全集，也即“罗侨刻本”。时在白沙辞世后5年。据张诩序，此前仅刊刻过2种辑录不全的白沙诗集，而罗侨刻本则把由门人抄录而散于四方的各类文章汇辑起来，使其文类齐备，编次整饬，如是搭建起了白沙全集的初始架构。

自此，在罗侨刻本的基础上，陆续出现了林齐刻本，高简、卞崃刻本，萧世延刻本等十数种不同的版本，递有增补、完善。此外，明、清两代还以文选的形式刊印了多种白沙文章选本。以下，我们据《中国古籍总目》一书对明、清两代白沙文集的出版情况以及目前的藏地进行一个不完全的统计。

白沙先生文集各版本及收藏情况

序号	版本名称	年代	藏地
1	《白沙先生全集》	明弘治十八年（1505）罗侨刻本	中国国家图书馆
2	《白沙子》	明嘉靖十二年（1533）高简、卞崃刻本	上海图书馆、中国国家图书馆
3	《白沙先生全集》	张诩辑，明嘉靖三十年（1551）萧世延刻本	上海图书馆、山东图书馆、中国国家图书馆、浙江图书馆善本

（续上表）

序号	版本名称	年代	藏地
4	《白沙先生诗教解》	明嘉靖年间马崧刻本	中国国家图书馆、天津图书馆
		明嘉靖四年（1525）刻本	台湾大学图书馆
		明隆庆元年（1567）李荷刻本	福建图书馆、中山大学图书馆
		明万历年间刻本	日本尊经阁
5	《白沙先生全集》	明天启元年（1621）王安舜刻本	中国国家图书馆、南京图书馆、北京大学图书馆
6	《白沙子全集》	明万历四十年（1612）何上新刻本	中国国家图书馆、浙江图书馆善本、复旦大学图书馆、中国科学院国家科学图书馆、天津图书馆、上海图书馆、南京图书馆
		明万历四十年（1612）联桂书社刻本（题何熊祥刻）	中国国家图书馆、北京大学图书馆
7	《白沙子全集》	清乾隆三十六年（1771）碧玉楼刻本	中国国家图书馆、浙江图书馆孤山馆
8	《白沙先生全集》	清顺治十二年（1655）黄之正刻本	中国国家图书馆、浙江图书馆善本
9	《白沙先生至言》	明嘉靖二十六年（1547）刻本	广东省立中山图书馆、南京图书馆
10	《白沙陈子语录》	明杨起元、周汝登辑，清陈遇夫重订，清康熙五十三年（1714）亦若堂刻本	上海图书馆
11	《白沙语要》	清卫金章辑，清康熙四十七年（1708）刻本	上海图书馆
12	《白沙先生全集》	明刻本	北京大学图书馆
13	《白沙子全集》	清乾隆三十六年（1771）碧玉楼刻本，清末印本	中国国家图书馆
14	《白沙子全集》	明刻本	南京图书馆
		清乾隆三十四年（1769）刻本	香港中央图书馆
15	《白沙子全集》	清初刻本	南京图书馆

（续上表）

序号	版本名称	年代	藏地
16	《白沙子全集》	清何九畴重编，清康熙四十九年（1710）刻本	北京大学图书馆、复旦大学图书馆、湖北图书馆
		康熙年间理堂印本	中国国家图书馆
		乾隆年间刻本	中国国家图书馆
17	《陈白沙南岳诗文》	民国铅印	广东省立中山图书馆
18	《白沙先生诗近稿》	明弘治九年（1496）吴廷举刻本	湖南图书馆
19	《陈白沙集》	明俞宪辑，盛明百家诗本，嘉靖、隆庆刻本	中国国家图书馆、北京大学图书馆、上海图书馆、南京图书馆、浙江图书馆
20	《白沙先生遗诗补集》	明袁奎辑，明万历十二年（1584）袁奎刻本	武汉大学图书馆
21	《陈白沙集》	清范鄗鼎辑，重修广理学备考本、清康熙刻本	缺藏地
22	《陈白沙集》	文津阁《四库全书》本、清乾隆刻本	中国国家图书馆
23	《陈文恭白沙集》	广东文献本、清嘉庆刻本，同治印	缺藏地
24	《白沙先生文编》	明王弘诲编（唐伯元辑年谱），明万历十一年（1583）郭惟贤、汪应蛟刻本	中国国家图书馆、北京大学图书馆、上海图书馆
25	《陈白沙稿》	可仪堂一百二十名家制义本	缺藏地
		名家制义六十一家本（清抄）	中国国家图书馆
26	《白沙语要》	明世学山五十种，明郑梓编，明嘉靖三十年（1551）郑梓刻本	中国国家图书馆
		明世学山九十三种，明嘉靖三十年（1551）郑梓刻本，隆庆、万历王文禄增补本	台湾大学图书馆
		民国二十七年（1938）上海涵芬楼影印，明隆庆、万历王文禄刻本	北京大学图书馆
27	《白沙语要》	明百陵学山一百种，明王完编，明隆庆二年（1568）至万历十二年（1584）刻本	中国国家图书馆、上海图书馆、台湾大学图书馆

（续上表）

序号	版本名称	年代	藏地
28	《白沙先生语录》	明杨起元辑，明万历刻本	复旦大学图书馆
29	《白沙语要》	岭南遗书五十九种，清伍元薇（崇曜）编，清道光十一年（1831）至同治二年（1863）南海伍氏粤雅堂文字欢娱室刻，清光绪三十三年汇印本	中国国家图书馆、中国科学院国家科学图书馆、北京大学图书馆、上海图书馆、复旦大学图书馆、天津图书馆、辽宁图书馆、甘肃图书馆、山东图书馆、南京图书馆、浙江图书馆、湖北图书馆、四川图书馆
30	《白沙丛考》	清阮榕龄著，清咸丰元年（1851）新会阮氏梦菊堂刻本	广东省立中山图书馆

根据这个统计，中国国家图书馆古籍馆目前是白沙各种版本文集收藏最丰富的馆库，固为本书展示的重点。而作为白沙故里的岭南一地，藏品虽有限而不失其特殊性，亦忝列其次。

一、中国国家图书馆所藏部分白沙文集

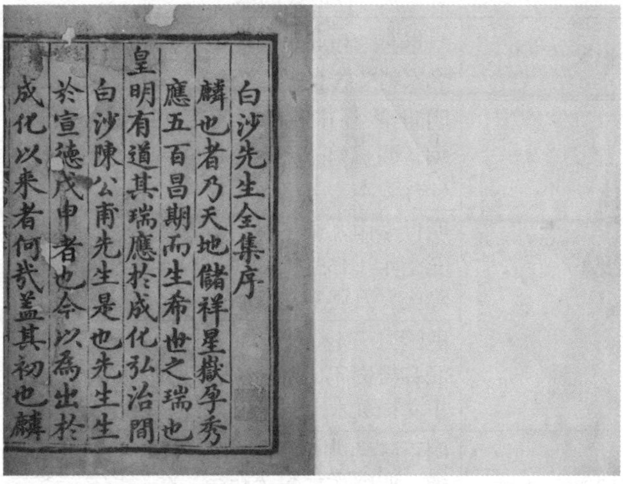
白沙先生全集序
麟也者乃天地儲祥星嶽孕秀
應五百昌期而生希世之瑞也
皇明有道其瑞應於成化弘治間
白沙陳公甫先生是也先生生
於宣德戊申者也今以爲出於
成化以來者何哉蓋其初也麟

明弘治十八年（1505）罗侨刻本《白沙先生全集》，白沙门人容贯编，张诩序。这是历史上第一部白沙诗文全集

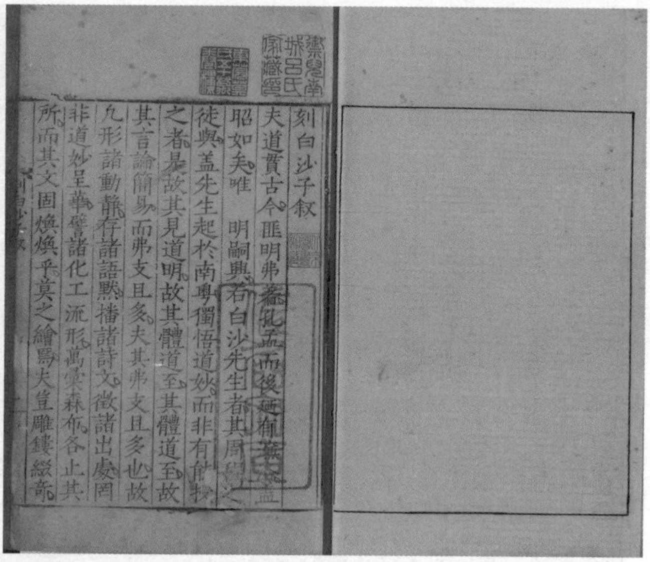
刻白沙子叙
夫道貫古今匪明弗著孔孟而後[illegible]
昭如矣唯　明嗣興若白沙先生者其庶[illegible]
徒與蓋先生起於南粵獨悟道妙而非有師授
之者是故其見道明故其體道至其體道至故
其言論簡易而弗支且多夫其弗支且多也故
凡形諸動靜存諸語默播諸詩文徵諸出處罔
非道妙呈華譬諸化工流形萬彙森布各止其
所而其文固煥煥乎莫之繪寫夫豈雕鏤綴葩

明嘉靖十二年（1533）高简、卞崃刻本《白沙子》

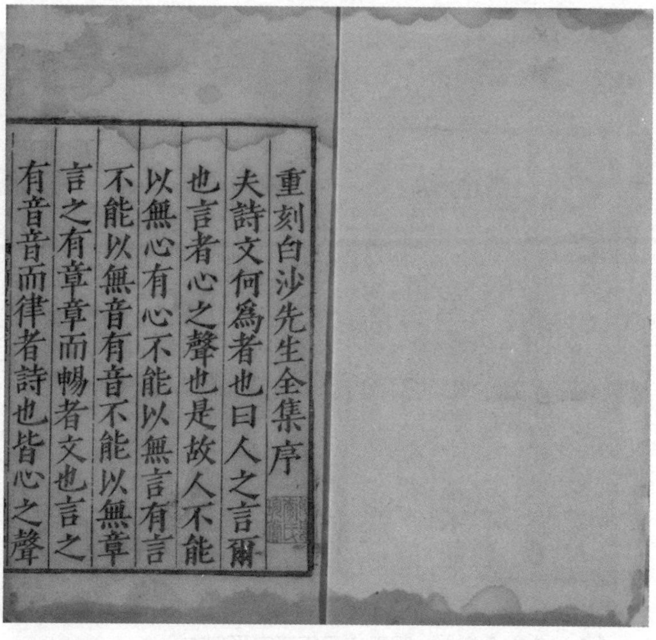
重刻白沙先生全集序
夫詩文何爲者也曰人之言爾
也言者心之聲也是故人不能
以無心有心不能以無言有言
不能以無音有音不能以無章
言之有章章而暢者文也言之
有音音而律者詩也皆心之聲

明嘉靖三十年（1551）萧世延刻本《白沙先生全集》

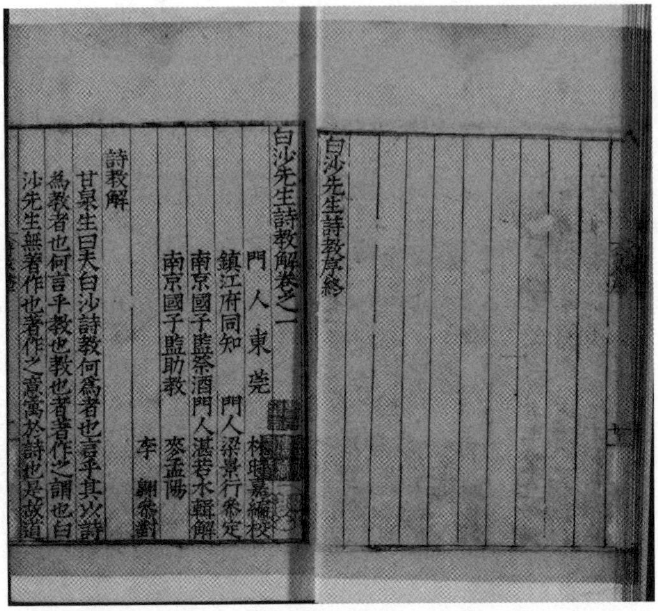

白沙先生詩教序終

白沙先生詩教解卷之一

門人東莞 林暀嘉編校

鎮江府同知 門人梁景行參定

南京國子監祭酒門人湛若水輯解

南京國子監助教 麥孟陽

李 翀參對

詩教解

甘泉生曰夫白沙詩教何爲者也言乎其以詩爲教者也何言乎教也教也者著作之謂也白沙先生無著作也著作之意寓於詩也是故道

《白沙先生诗教解》，湛若水撰，明嘉靖年间马崧刻本

重刻白沙先生全集序

夫詩[illegible]者也曰人之言備也言[illegible]也是故人不能以無心[illegible]無言有言不能以無[illegible]以無章言之有章章[illegible]言之有音音而律者詩也皆心之聲也是故其心正

《白沙先生全集》，明天启元年王安舜刻本

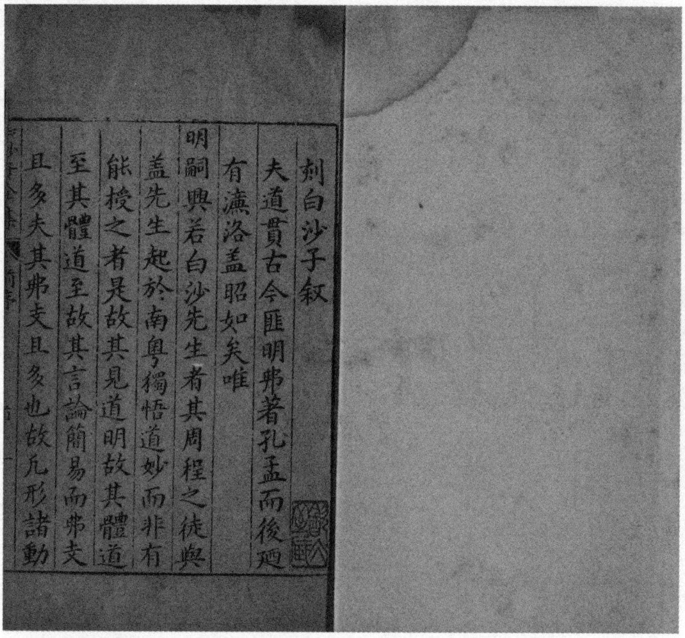

刻白沙子叙
夫道貫古今匪明弗著孔孟而後廼
有濂洛蓋昭如矣唯
明嗣興若白沙先生者其周程之徒與
蓋先生起於南粵獨悟道妙而非有
能授之者是故其見道明故其體道
至其體道至故其言論簡易而弗支
且多夫其弗支且多也故凡形諸動

《白沙子全集》，明万历四十年（1612）何上新刻本

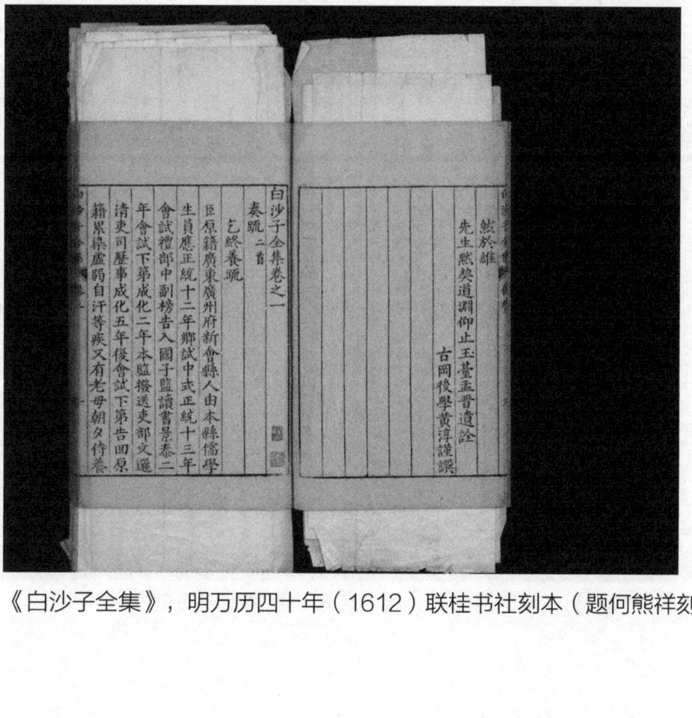

然於雖
先生默契道淵仰止玉臺孟晋遺詮
古岡後學黃淳謹譔

白沙子全集卷之一
奏疏二首
乞終養疏
臣原籍廣東廣州府新會縣人由本縣儒學
生員應正統十二年鄉試中式正統十三年
會試禮部中副榜告入國子監讀書景泰二
年會試下第成化二年本監撥送吏部文選
清吏司歷事成化五年復會試下第告回原
籍累染虛弱自汗等疾又有老母朝夕侍養

《白沙子全集》，明万历四十年（1612）联桂书社刻本（题何熊祥刻）

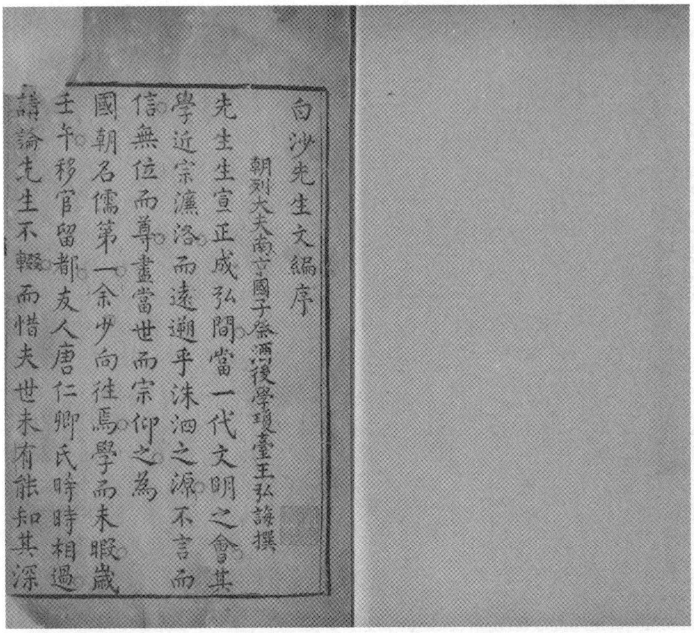

白沙先生文編序
朝列大夫南京國子祭酒後學瓊臺王弘誨撰
先生生宣正成弘間當一代文明之會其
學近宗濂洛而遠遡乎洙泗之源不言而
信無位而尊盡當世而宗仰之為
國朝名儒第一余少向往焉學而未暇歲
壬午移官留都友人唐仁卿氏時時相過
譚論先生不輟而惜夫世未有能知其深

《白沙先生文编》，明万历十一年（1583）郭惟贤、汪应蛟刻本

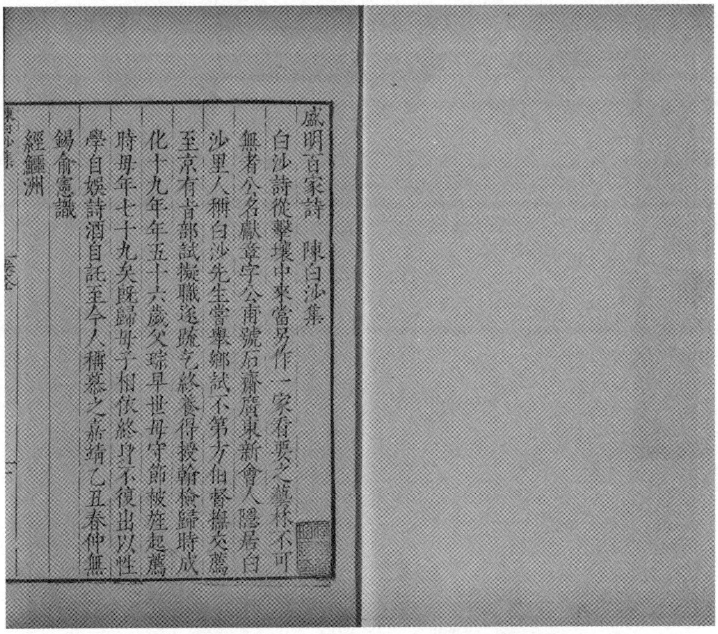

盛明百家詩　陳白沙集
白沙詩從擊壤中來當另作一家看要之藝林不可
無者公名獻章字公甫號石齋廣東新會人隱居白
沙里人稱白沙先生嘗舉鄉試不第方伯督撫交薦
至京有旨部試擬職遂疏乞終養得授翰檢歸時成
化十九年年五十六歲父琮早世母守節被旌起薦
時母年七十九矣既歸母子相依終身不復出以性
學自娛詩酒自託至今人稱慕之嘉靖乙丑春仲無
錫俞憲識
經鱸洲

《陈白沙集》，盛明百家诗，明俞宪辑，嘉靖、隆庆刻本

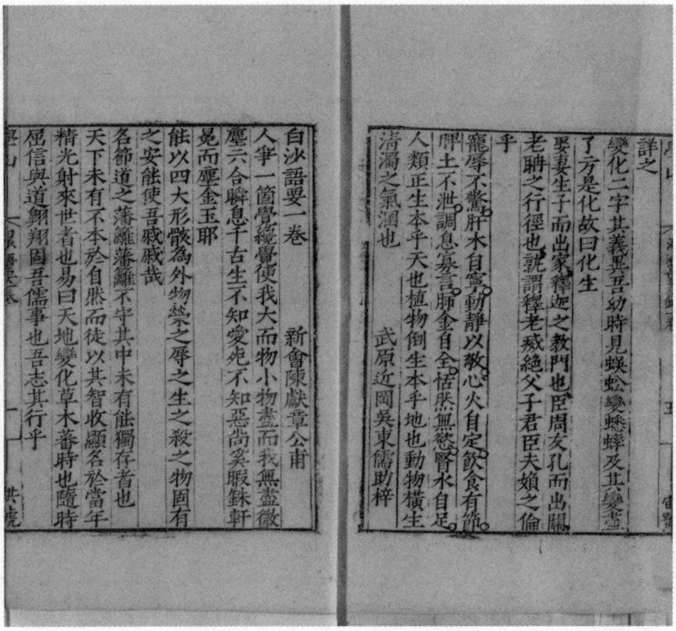

詳之
變化二字其義異吾幼時見蜈蚣變蜻蜓及其變盡
了方是化故曰化生
娶妻生子而出家釋迦之教門也臣周文孔而出關
老聃之行徑也就謂釋老滅絕父子君臣夫婦之倫
乎
寵辱不驚肝木自寧動靜以敬心火自定飲食有節
脾土不泄調息寡言肺金自全恬然無慾腎水自足
人類正生本乎天也植物倒生本乎地也動物橫生
清濁之氣類也
武原近岡吳東儒助梓

白沙語要一卷　新會陳獻章公甫
人爭一箇覺纔覺便我大而物小物盡而我無盡微
塵六合瞬息千古生不知愛死不知惡尚奚暇銖軒
冕而塵金玉耶
能以四大形骸為外物榮之辱之生之殺之物固有
之安能使吾戚戚哉
名節道之藩籬藩籬不守其中未有能獨存者也
天下未有不本於自然而徒以其智收顯名於當年
精光射來世者也易曰天地變化草木蕃時也隨時
屈信與道翱翔固吾儒事也吾志其行乎

《白沙语要》，“明世学山五十种”选集，明郑梓编，明嘉靖三十年（1551）郑梓刻本

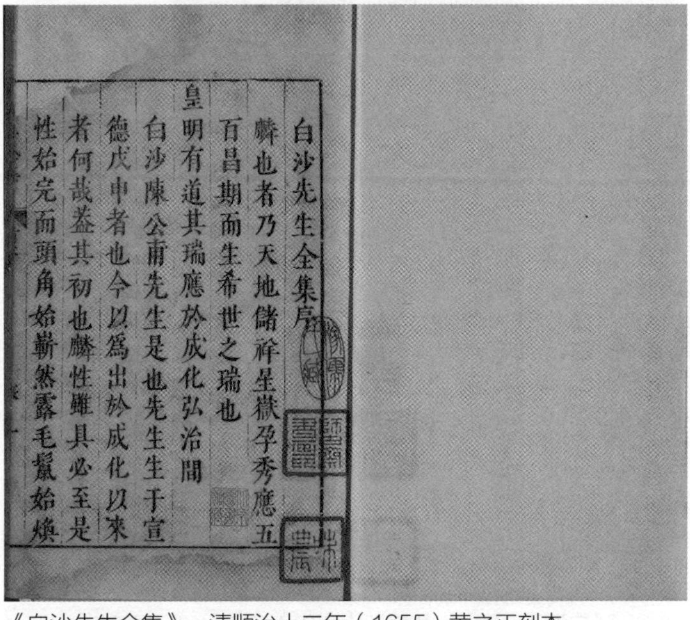

白沙先生全集序
麟也者乃天地儲祥星嶽孕秀應五
百昌期而生希世之瑞也
皇明有道其瑞應於成化弘治間
白沙陳公甫先生是也先生生于宣
德戊申者也今以為出於成化以來
者何哉蓋其初也麟性雖具必至是
性始完而頭角始嶄然露毛鬣始煥

《白沙先生全集》，清顺治十二年（1655）黄之正刻本

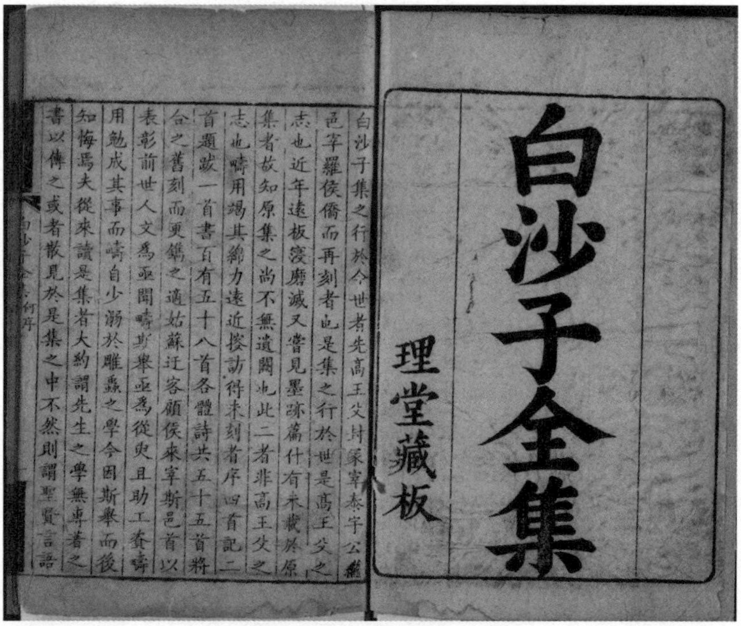

白沙子集之行於今世者先高王父封彖宰泰宇公纔
邑宰羅侯僑而再刻者也是集之行於世是高王父之
志也近年遠板寖磨滅又嘗見墨跡篇什有未載於原
集者故知原集之尚不無遺闕也此二者非高王父之
志也疇用竭其綿力遠近搜訪得未刻者序四首記二
首題跋一首書百有五十八首各體詩共五十五首將
合之舊刻而更鐫之適姑蘇汪客顧侯來宰斯邑首以
表彰前世人文為亟聞疇斯舉亟為從臾且助工資疇
用勉成其事而疇自少溺於雕蟲之學今因斯舉而後
知悔焉夫從來讀是集者大約謂先生之學無專著之
書以傳之或者散見於是集之中不然則謂聖賢言語

白沙子全集

理堂藏板

《白沙子全集》，何九畴重编，清康熙年间理堂印本

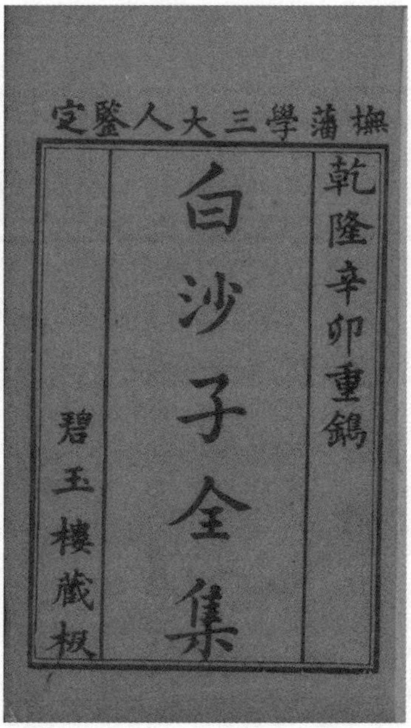

《白沙子全集》，乾隆三十六年（1771）碧玉楼刻本

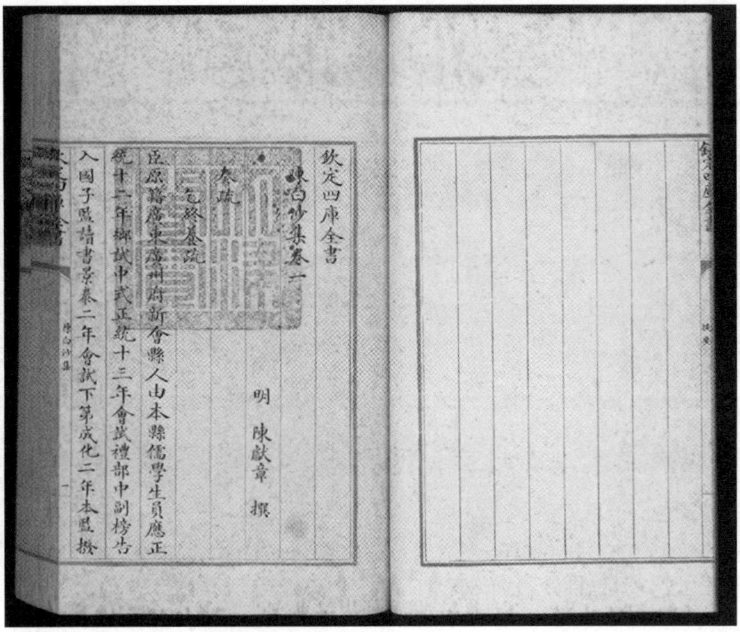
欽定四庫全書
陳白沙集卷一
明 陳獻章 撰
奏疏
乞終養疏
臣原籍廣東廣州府新會縣人由本縣儒學生員應正
統十二年鄉試中式正統十三年會試禮部中副榜告
入國子監讀書景泰二年會試下第成化二年本監撥

《陈白沙集》，文津阁《四库全书》本

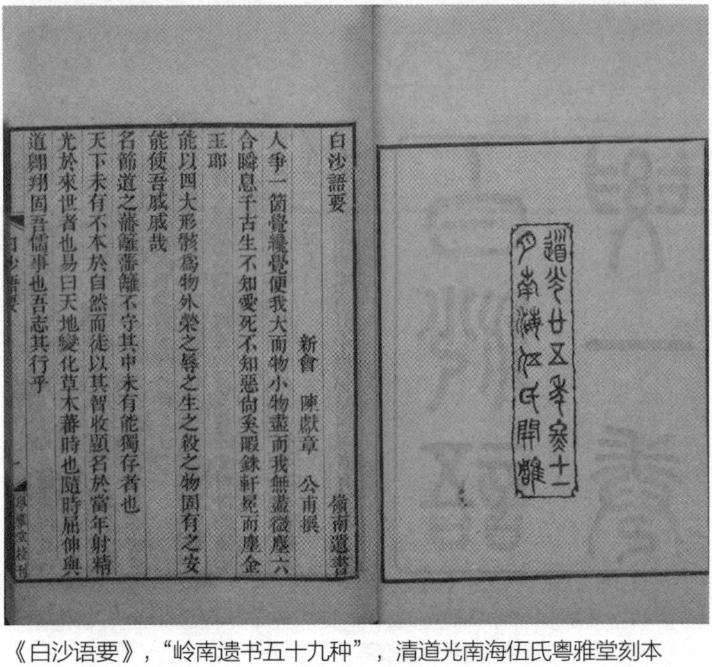
白沙語要 嶺南遺書
新會 陳獻章 公甫撰
人爭一箇覺纔覺便我大而物小物盡而我無盡微塵六
合瞬息千古生不知愛死不知惡尚奚暇銖軒冕而塵金
玉耶
能以四大形骸爲物外榮之辱之生之殺之物固有之安
能使吾戚戚哉
名節道之藩籬藩籬不守其中未有能獨存者也
天下未有不本於自然而徒以其智收顯名於當年射精
光於來世者也易曰天地變化草木蕃時也隨時屈伸與
道翱翔固吾儒事也吾志其行乎

《白沙语要》，“岭南遗书五十九种”，清道光南海伍氏粤雅堂刻本

二、岭南地区部分馆藏品

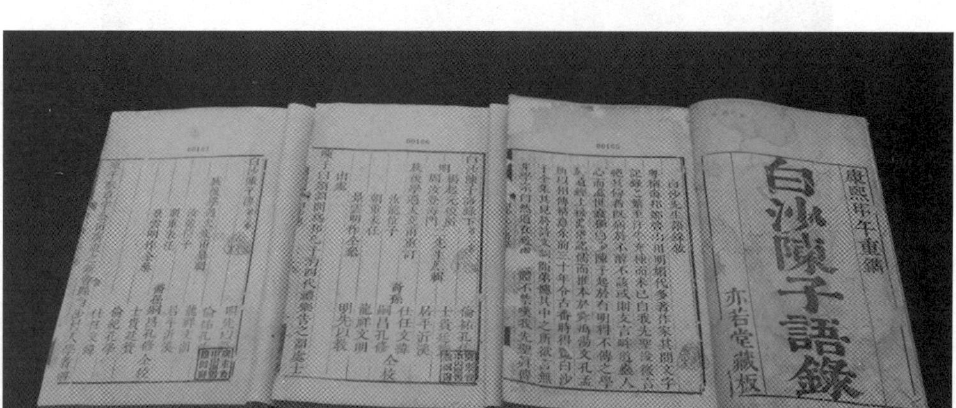

《白沙陈子语录》，清康熙亦若堂刻本，广东省立中山图书馆馆藏

《白沙丛考》，清阮榕龄著，清咸丰元年（1851）阮氏梦菊堂刻本，广东省立中山图书馆藏

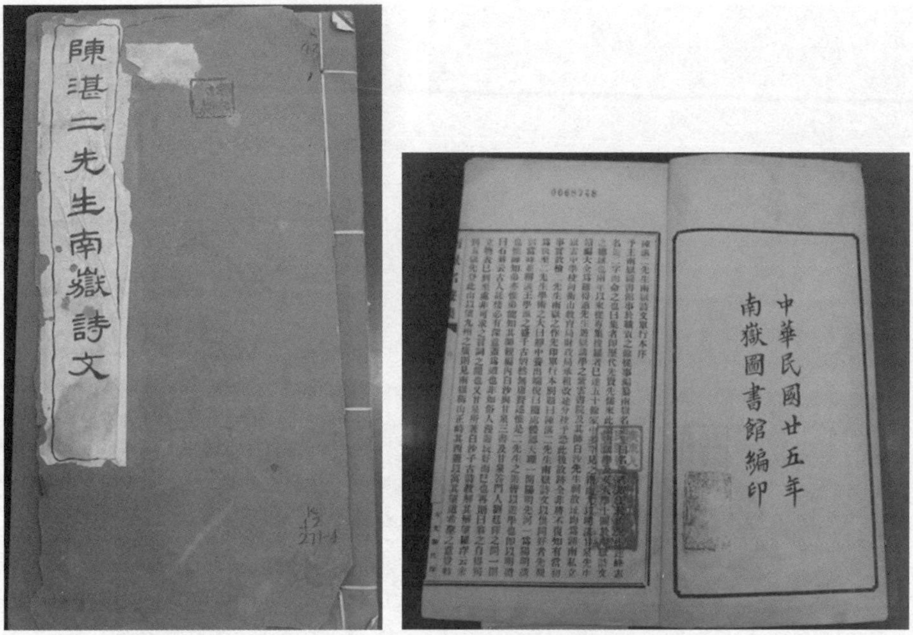

《陈湛二先生南岳诗文》，民国二十五年（1936）南岳图书馆编印版，广东省立中山图书馆藏

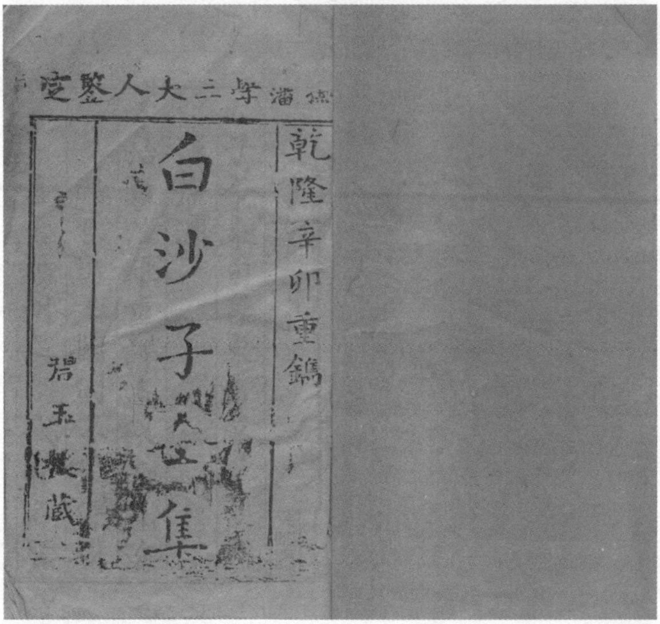

《白沙子全集》，清乾隆三十六年（1771）碧玉楼刻本，江门市博物馆藏

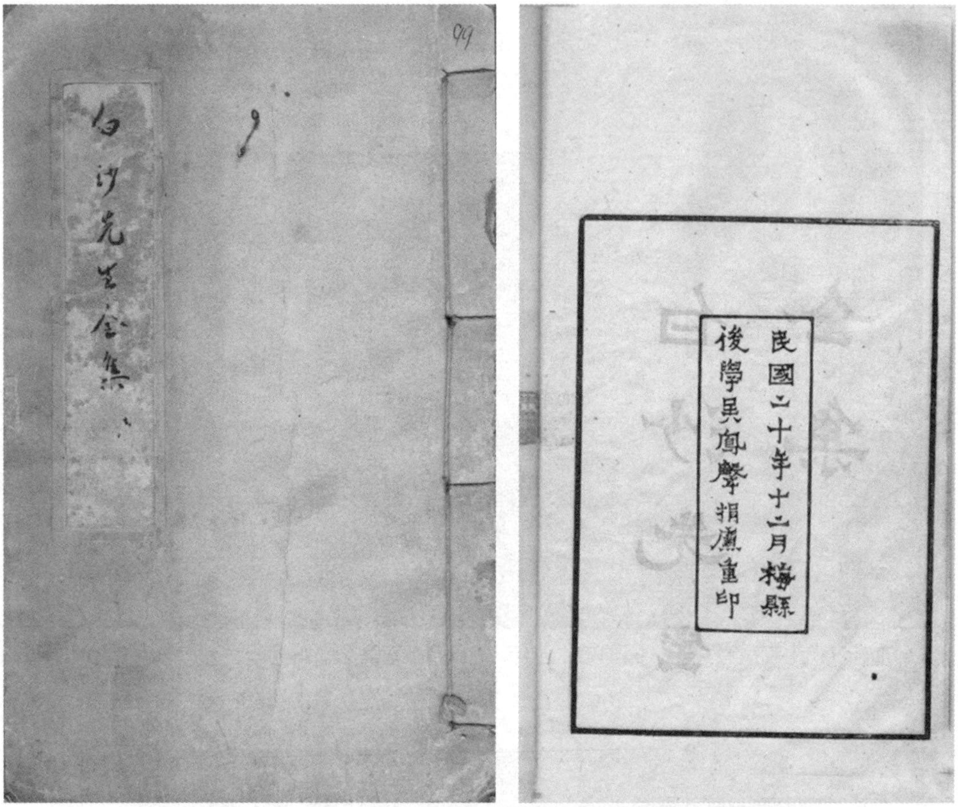

《白沙先生全集》，民国二十年（1931）新会县长吴凤声重印本，江门市博物馆藏

第六章　族　谱

出于种种客观的原因，白沙的先祖及后代繁衍的详情，在各种传记或研究文章中并不多见，而其中最主要的原因便是资料的缺乏。白沙在世时，祖宅辟有世赖堂，此堂也即保存先祖遗物、率族依时祭祀或纪念之所在。此中即有族谱存焉。《世赖堂家谱》序称：“如我世赖堂之谱，昔藏碧玉楼中，既详且备，因康熙甲辰奉旨迁移，游离星散。越甲寅，又遭马逆兵燹，屡臻祖传遗迹概被煨烬，而谱帙亦与焚焉。”这本修于清乾隆五年（1740）的新谱，仍以判乡翁为始祖，到白沙为五世祖，迄于第十三世。后人补充至第十九世。

而《文恭公房谱》则单独是陈白沙这一支后裔的谱系，谱前有《重修真儒家谱叙》和《文恭公房谱原序》。据此可知，这本房谱始修于清乾隆五十六年（1791），道光及光绪年间有所增补。上述2种族谱均为手抄本，因此恐怕不免存在手误等各种情况，固然亦不失为志趣于此者的参考。

此外展示的《高地街陈氏族谱》，为高州陈氏族人编撰。据卷首《陈氏源流考》载，白沙“携子遨游高凉，设教吴川书院，梁某以淑女妻子理明”。自此开枝散叶，并奉理明为高州陈氏一世祖。这些说法在白沙文集或年谱等资料中找不到任何佐证，即使在白沙村《文恭公房谱》里也不见理明此人存在的丝毫痕迹。当然，这也不能说明历史上不曾存在着这种可能。而真实情况如何，概俟将来更多资料的发见了。

白沙在原配夫人张氏去世后近10年，娶罗氏。罗氏为良溪罗贵后裔。明成化二十年（1484），白沙曾以女婿的身份为《岭南罗氏谱》一书作序，历述了罗氏家族的源流、变迁等，具有较重要的史料价值。

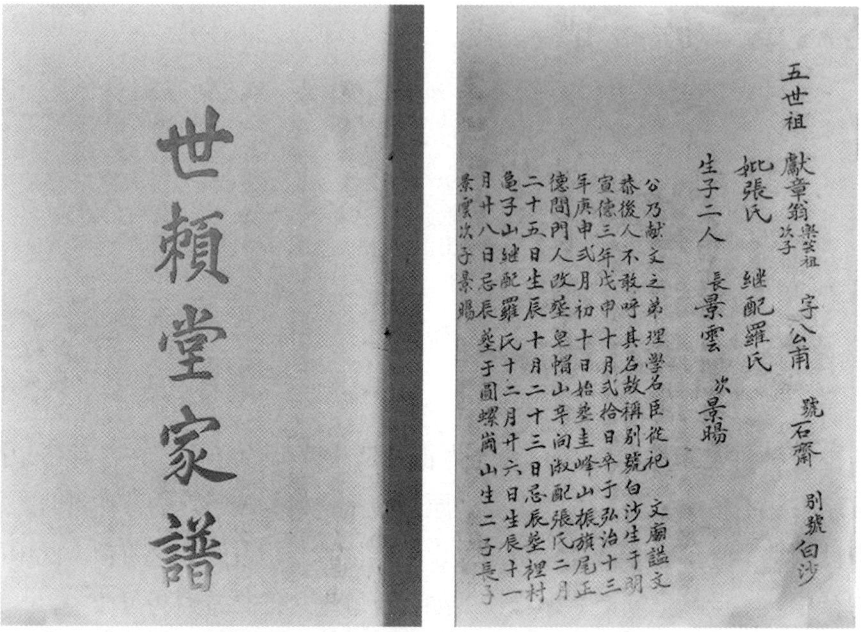

世賴堂家譜

五世祖
獻章翁 樂芸祖次子 字公甫 號石齋 別號白沙
妣張氏 継配羅氏
生子二人 長景雲 次景暘
公乃献文之弟理學名臣從祀文廟謚文
恭後人不敢呼其名故稱別號白沙生于明
宣德三年戊申十月弍拾日卒于弘治十三
年庚申弍月初十日始葬圭峰山旗尾正
德間門人改葬皂帽山辛向潋配張氏二月
二十五日生辰十月二十三日忌辰葬裡村
龟子山継配羅氏十二月廿六日生辰十一
月廿八日忌辰葬于圓螺崗山生二子長子
景雲次子景暘

《世赖堂家谱》，手抄复印本，江门市博物馆藏

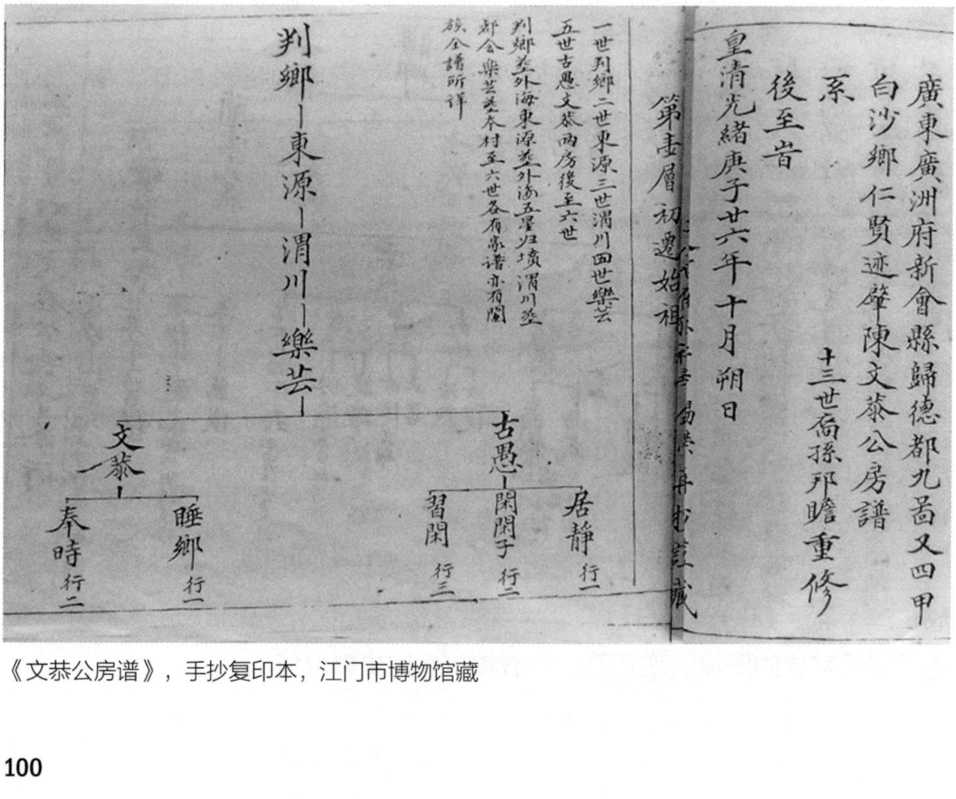

廣東廣洲府新會縣歸德都九啚又四甲
白沙鄉仁賢迹舜陳文恭公房譜
系 十三世裔孫邦瞻重修
後至旹
皇清光緒庚子廿六年十月朔日
第壹層 初遷始祖

一世判卿二世東源三世渭川四世樂芸
五世古愚文恭兩房後至六世
判卿葬外海東源葬外海五星归墳渭川葬
都會樂芸葬本村至六世各有分譜亦有關
族全譜所詳

判卿—東源—渭川—樂芸
文恭 睡鄉 行一 春時 行二
古愚 居靜 行一 閑閑子 行二 習閑 行三

《文恭公房谱》，手抄复印本，江门市博物馆藏

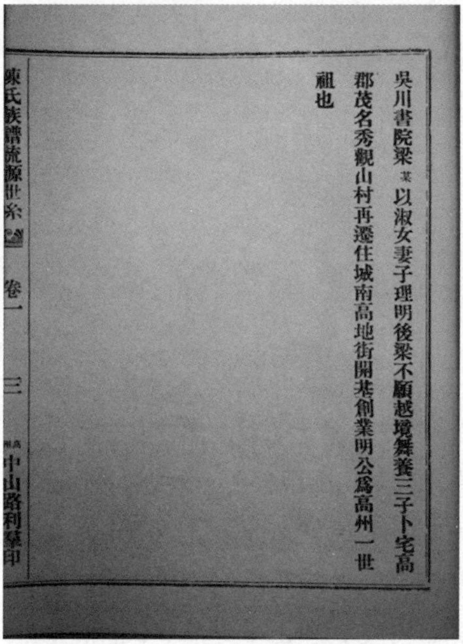

陳氏族譜流源世系 卷一 三 中山路利羣印

吳川書院梁某 以淑女妻子理明後梁不願越境舞養三子卜宅高
郡茂名秀觀山村再遷住城南高地街開基創業明公爲高州一世
祖也

皆同出於穎川故曰無異也〉七十五世諱王公避亂江州數世不
分異僖宗皇帝旌爲義門八十二世諱讓公任常德大夫晚歸莆田
奉煙祀其後數傳又因殘唐之亂轉徙不定八十七世諱永公始復
歸莆居於莆之蘇嶺東院子諱仁贈太師沂國公開第於義井鄉玉
湖里爲玉湖初祖沂國公登進士第歸易名感德鄉胡公里傳至我太始祖諱文龍公八代太
師十進士三狀元三宰輔兩尚書四侍郎內自公卿大夫外至安撫
守令以下尙不勝數科甲仕宦萃於一門爲吾陳氏最盛時代也迨
順天始祖悅道公爵秩戶禮二部尙書居武興府安州風簷郎今之
保定府也傳二十世入粵卜居廣州府新會縣沙岡司白沙村則吾
之本祖也我延至眞儒獻章字公甫號白沙攜子遨遊高凉設教

《高地街陈氏族谱》，民国年间高州中山路利群印本，现存于广东高州陈氏宗亲会

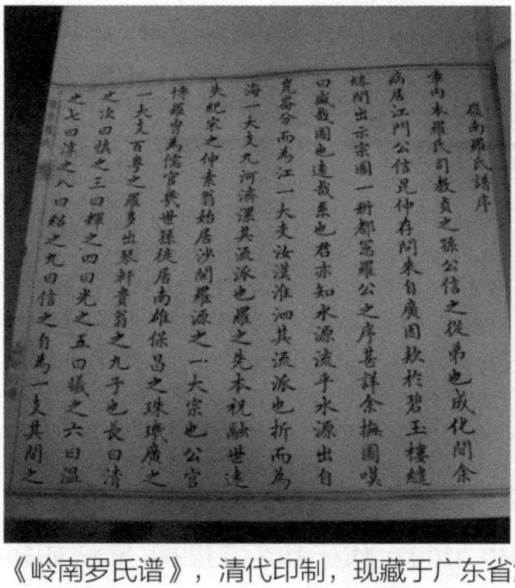

嶺南羅氏譜序
奉內本羅氏司教貞之孫公信之從弟也成化間余
寓居江門公信兄仲存問來自廣固款於碧玉樓燧
燒間出示宗圖一冊都憲羅公之序甚詳余撫圖嘆
曰歲幾國也遠哉系也君亦知水源流乎水源出自
崑崙分而為江一大支汝漢淮泗其流派也折而為
海一大支九河濟漯其流派也羅之先本祝融世遠
失紀宋之仲素翁始居沙閘羅源之一大宗也公官
博羅曾為儒官幾世孫徙居南雄保昌之珠璣巷之
一大支百粵之羅多出琴軒貴翁之九子也長曰清
之次曰鎮之三曰輝之四曰光之五曰振之六曰溫
之七曰漳之八曰銘之九曰信之自為一支其間之

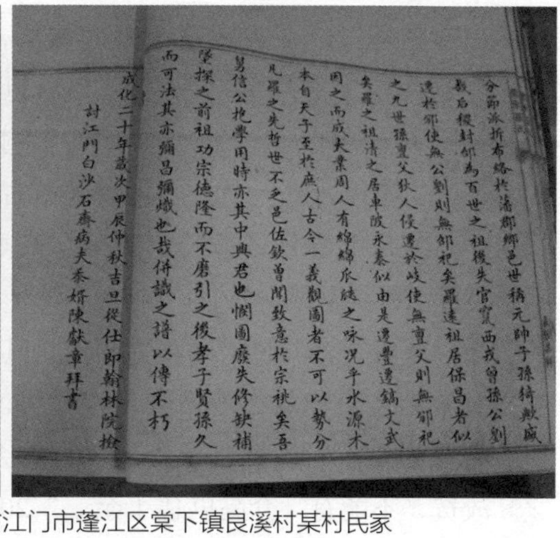

分派析布錯於藩鄉邑世稱元帥子孫徐州戴威
數局稷封郡為百世之祖後失官竄西戎曾孫公劉
遷於邠使無公劉則無邠祀矣羅遠祖居保昌者似
之九世孫亶父狄人侵遷於岐使無亶父則無邠祀
矣羅之祖清之居東陂永泰似由是遷豐遷鎬文武
周之而成大業周人有綿綿瓜瓞之咏況乎水源木
本自天子至於庶人古今一義觀圖者不可以勢分
凡羅之先皆世不乏也佐欽曾聞敦意於宗祧矣吾
易信公抱學用時亦其中興君也憫圖廢失修缺補
墜探之前祖功宗德隆而不磨引之後孝子賢孫久
而可法其亦痛昌彌熾也哉併識之詩以傳不朽
成化二十年歲次甲辰仲秋吉旦從仕郎翰林院檢
討江門白沙石齋病夫泰婿陳獻章拜書

《岭南罗氏谱》，清代印制，现藏于广东省江门市蓬江区棠下镇良溪村某村民家

第七章　其　他

其他类属于杂项，也即白沙所藏古琴、碧玉和古砚3种。白沙与古琴渊源颇深，绪言已略言及了，今既有更多学者的专业论证，此处无须赘述。据目前的资料，白沙原藏“沧海龙吟”和“寒涛”二琴约在清代转手。如“沧海龙吟”琴，便有黄炳堃、李心一、郑鼎训、马复、郭正平等清、民国之间的藏家相继收藏，此中最重要的人物便是黄炳堃。

就古琴而言，黄炳堃的叔祖父黄景星须先提及。黄景星是广东新会人，生于乾隆晚年，是清代岭南琴派的创始人，所著《悟雪山房琴谱》收录了不少由白沙整理过的《古冈遗谱》的佚稿，他也在琴艺上追摹白沙，自成宗派。黄氏一族自景星乃以琴相传，堪称世家，至黄炳堃，宦余不忘素弦，结琴社，授琴艺，大力弘扬岭南琴派，影响及于滇、粤诸地。黄炳堃（1832—1904），字笛楼，号迂道人，著有《希古堂文存》，谈氏序称：“笛翁思归不得，日抚所藏白沙子龙吟之素琴，尚可以自遣。”龙吟古琴一度归于此家，亦可谓得其所哉。

而“寒涛”琴的转手则较为简单，其在清光绪二十二年（1896）由朱执信之父朱启连直接从白沙后人手中购得。为此朱启连作《寒涛琴铭》记之曰：“琴为白沙先生物，子孙世守四百余年。朽矣，其乡高君仲和为修完之。故贫，不能有，介高以售于余。”20世纪60年代朱执信的四弟朱秩如将琴献给了国家。

白沙“沧海龙吟”琴，广东省博物馆藏

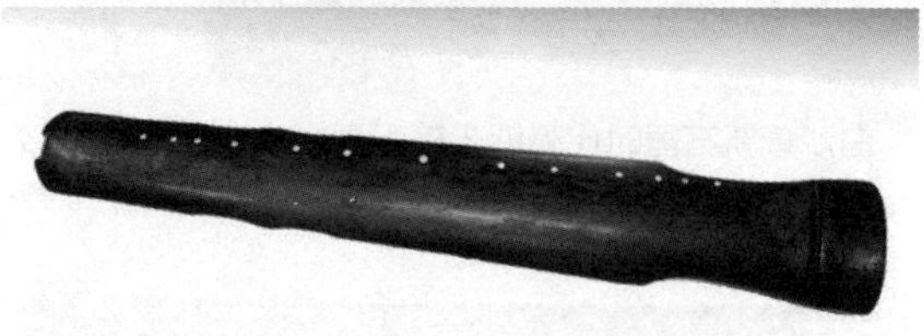

白沙“寒涛”琴，广州博物馆藏

白沙碧玉过去称为碧玉圭。如白沙祠藏张恒《丁亥仲秋恭谒白沙先生家祠敬赋》碑，便有句曰：“文孙携玉邀我观，质润体洁一圭桓。”然而据冼玉清等学者考证，其似圭而实为璋。张恒来祠拜祭在清康熙丁亥年（1707），他的赋把璋称为圭虽然略有失误，但也提供了一条佐证，即在清代初期，这件碧玉仍存于白沙后人手中。此后的流转则全无消息。整玉至今保存完好，并有刺绣绢袋和包装盒等精美配置。盒面铸双龙，中部刻“儒有席珍，克垂厥后；什袭而藏，永昭世守”16字。至于白沙所藏古砚，暂无相关文字资料，仅存图以志。

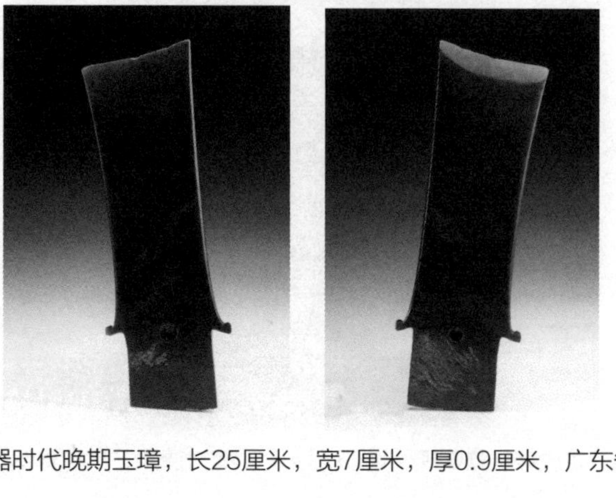

白沙藏新石器时代晚期玉璋，长25厘米，宽7厘米，厚0.9厘米，广东省博物馆藏

白沙藏新石器时代晚期玉璋配件，广东省博物馆藏

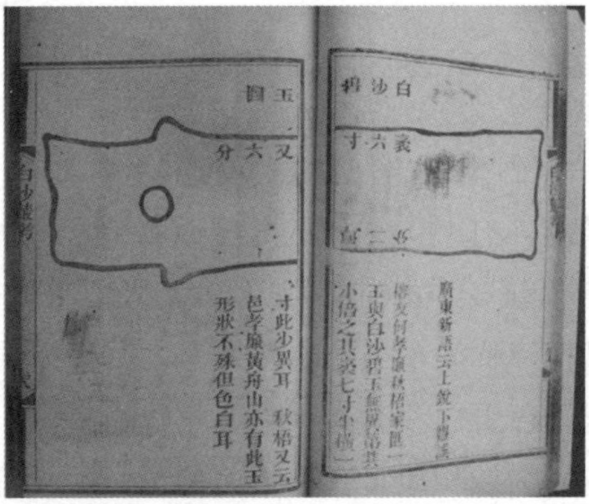

广东省立中山图书馆藏阮榕龄撰《白沙丛考》一书也对白沙碧玉略有描述

白沙“龙虎斗”款端砚，长25.5厘米，宽21厘米，广东省博物馆藏

参考文献

[1] 陈献章. 陈献章集 [M]. 孙通海，点校. 北京：中华书局，1987.

[2] 中国古代书画鉴定组. 中国古代书画图目 [M]. 北京：文物出版社，1986.

[3] 中国古籍总目编纂委员会. 中国古籍总目 [M]. 上海：上海古籍出版社，2009.

[4] 秦有朋. 陈献章书法集 [M]. 广州：岭南美术出版社，2008.

后　记

编撰完成《白沙遗迹》一书，颇觉欣慰。在接到编撰任务之前，为了筹备白沙生平事迹新展，我们对白沙遗存物的搜寻工作已展开了一段时间，积累了一些文字或图片资料。这也为我们编撰此书提供了不少的便利。

从事这项工作的动机或出发点，在绪言中已提及了，这里不妨重申之，那就是基于对白沙先生的崇敬，对其遗存物一旦散佚的忧虑，于是以致力于广为搜罗并向世人呈示为志业。此中喜忧相参，甘苦自知。说起来，最主要的困难无非是在搜寻新资料时信息和途径的局限。而在实践的过程中终究明白，这个困难只能在不轻易放弃和继续不断的搜寻中去解决。因此，如今拙著虽告完成，其实也意味着新的开始，因为白沙遗物的搜寻工作始终是一个动态的过程。未来随着新文物和新资料的出现，以及鉴定技术的进步，也意味着它是一个不断修正和丰富的过程。这些，都有赖于今后同人们的努力。

编撰此书费时数月，但文物的调查、拍摄、拓印等工作，则几近两年。在此期间，几位同事涉足于广东省的南海、三水、德庆、惠州、增城、吴川、高州和肇庆等地，远至湖南、江西、江苏、山东和北京诸省市。不少第一手资料就是在远足调查的过程中获得的。他们不避寒暑，不畏辛劳，敬业精神殊可感佩。

自工作开展以来，江门市博物馆领导给予了及时的指导和大力的支持。中国国家图书馆、广东省博物馆、江门市新会区博物馆等单位和陈福树先生等个人在图片资料上也给予了协助，在此特表谢忱。在具体编撰工作开始之前，梁炳尧先生草拟了此书的大纲，为后续工作奠定了重要的基础。史艳群、侯宁宁负责此书大部分图片等资料的准备。吕明负责全书文字的撰述。因此，此书可以说是江门市博物馆的同事们通力合作所取得的成绩。于白沙先生诞辰590周年纪念日即将到来之际，这本书也可以说是为此而敬奉的献礼。

此刻重理文稿，观摩诸图，不时感到白沙先生的精魂在兹。后之读者倘能据此而仰怀先哲，高慕云襟，亦是编著者心愿所系。是为记。

编著者

二〇一八年六月于陈白沙纪念馆